藏在生活里品格密码

有序品格

上海市班主任带头人冯志兰工作室　编

内容提要

本书是一本旨在培养孩子美好品格的指南。全书按品格种类分为五册，分别是有序品格、坚持品格、合作品格、创新品格、感恩品格。每种品格内容根据孩子的成长进阶，难度升级，当孩子掌握这五种品格以后，相信已经成长为一个具备美好品格的好孩子了！本书以家庭活动为背景，围绕主人公闵小行和他的爸爸、妈妈、爷爷、奶奶以及妹妹闵小思之间的故事展开。本书内容翔实、图文并茂，适合父母和孩子共同阅读。

本册主题为"有序品格"。

图书在版编目（CIP）数据

藏在生活里的品格密码. 有序品格 / 上海市班主任带头人冯志兰工作室编. — 上海：上海交通大学出版社，2024.10 — ISBN 978-7-313-31044-6

Ⅰ．D432.62

中国国家版本馆CIP数据核字第2024DF2545号

藏在生活里的品格密码：有序品格
CANG ZAI SHENGHUO LI DI PINGE MIMA: YOUXU PINGE

编　　者：	上海市班主任带头人冯志兰工作室		
出版发行：	上海交通大学出版社	地　　址：	上海市番禺路951号
邮政编码：	200030	电　　话：	021-64071208
印　　制：	上海文浩包装科技有限公司	经　　销：	全国新华书店
开　　本：	889mm×1194mm　1/24	印　　张：	2.75
字　　数：	48千字		
版　　次：	2024年10月第1版	印　　次：	2024年10月第1次印刷
书　　号：	ISBN 978-7-313-31044-6		
定　　价：	98.00元（全5册）		

版权所有　侵权必究

告读者：如发现本书有印装质量问题请与印刷厂质量科联系

联系电话：021-57480129

总序

我想告诉你，这是一本怎样的书

亲爱的家长朋友：

当您手中拿起这本《藏在生活里的品格密码》，相信您已经迈出了培养孩子美好品格的第一步。在您面前的不仅仅是一本书，更是一份家庭教育的"旅行指南"，一个亲子成长的快乐宝盒。这里不会有高深莫测的理论，也不会有冗长乏味的讲解，有的只是那些藏于日常生活之中的教育智慧和温情瞬间。

我们希望这本书能成为您的贴心伴侣，带您走进孩子的世界；同时也让您的孩子跟随书中的品格密码，慢慢理解什么是有序、坚持、合作、创新与感恩。我们鼓励您带着孩子一起阅读，让每一个真实的情境，成为你们之间亲子交流的契机。

更为特别的是，本书还邀请您和孩子一同创造一本属于你们的亲子品格成长手账。在这个过程中，你们的每一次互动、每一份评价、每一刻温馨的感受都将被记录，编织成一份份珍贵的记忆。这本手账将是你们共同努力的成果，也是孩子品格成长的见证。

请您以一种轻松愉悦的心情翻开这本书，就像和一个老朋友聊天一样，不要有压力，只需享受与孩子互动的乐趣。我们相信，通过这一次次的亲子之"旅"，您将找到引导孩子成长为拥有有序、坚持、合作、创新、感恩等品格的关键。

愿您和孩子在这段"旅程"中，收获爱与智慧，共同成长，让品格教育成为生活中最美好的礼物。快来享受这场与孩子的心灵之旅吧！

祝您阅读愉快！

上海市班主任带头人冯志兰工作室全体成员

序言

有序品格

"哎呀,你怎么又忘记带数学书了?""另一只袜子去哪了?""筷子怎么又掉到地上了?""书桌怎么又乱成这样了?"……亲爱的家长,这样的烦恼你是否曾经也遇到过?这些,其实都与我们本书中谈到的"有序品格"相关。

有序是什么?简而言之,就是做事情有条理、有次序,整齐不乱。有序品格的教育对其他好的行为素养的形成,起着重要的奠基作用。

一年级的小朋友进入小学后,对有规矩、有序列的行为习惯的学习是一种新的摄入。他们这个年龄段的学习方式主要是以模仿为主,在这个时候,如果给他们"有序"的正确示范,他们就更容易习得和养成好的习惯。因此,在这个过渡的时间点,培养孩子们有序的品格显得尤为重要。家长们,快点带着孩子行动起来吧!

一	变身吧，我的小书包	1
二	小书桌变形记	6
三	多想告诉你	11
四	"袜哈哈"的奇幻漫游	17
五	菜根水培乐趣多	23
六	策食记	29
七	聚废为宝，收集快乐	34
八	花样水果洗澡记	39
九	饭前餐具，放着我来	46
十	接招吧，厨房"小怪物"	52

有序品格总评 …… 58

后记 …… 59

人物介绍

亲子进阶营

小书包变身行动

要想让孩子把书包整理得很有序，必须在做中学、在试错中习得。家长可以适时地进行点拨指导，教会孩子科学的整理方法，引导孩子有序整理，学会规划、整合、收纳等技能。

第一步：亲子快问快答

下面，先让我们进行一场关于小书包的亲子快问快答吧！

家长问题一：书包里应该放什么物品？	家长问题二：书包里的哪些物品要清理？
孩子答：（可以写字，也可以画画）	孩子答：（可以写字，也可以画画）

孩子已经具有一定的问题解决意识和能力，家长可以引导孩子对问题进行成因分析，对书包进行变身行动。

一、变身吧，我的小书包

第二步：小书包变身初行动

可是，书包里的东西很乱，怎么办呢？

先来认识一下书包的结构吧！

小贴士：
书包的前袋、大袋、两侧小袋，每个袋子都有它的妙用，要学会合理规划哦！

藏在生活里的品格密码：有序品格

第三步：小书包变身再行动

书包里的东西怎样才能不乱呢？

回顾梳理 →

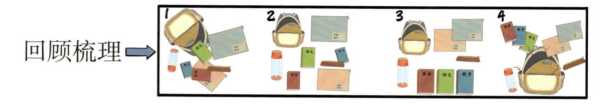

整理书包"四步曲"（请从文末找到四张贴纸，贴一贴）

第一步：	第二步：	第三步：	第四步：

根据步骤，自己动手试试整理书包吧！（用照片记录整理前后的变化）

书包变身前	书包变身后

小小蜗牛往前爬，整理书包我最行

评价标准	自评	家长评
我会清理书包里不用的东西： 1. 完全不会清理 2. 能够偶尔清理 3. 能够定期清理	1. 小蜗牛不前进 2. 小蜗牛进1步（涂1格） 3. 小蜗牛进3步（涂3格）	1. 小蜗牛不前进 2. 小蜗牛进1步（涂1格） 3. 小蜗牛进3步（涂3格）
我会把东西放入书包合适的位置中： 1. 我不会把东西放入书包合适的位置中 2. 我偶尔会把东西放入书包合适的位置中 3. 我一直会把东西放入书包合适的位置中	1. 小蜗牛不前进 2. 小蜗牛进1步（涂1格） 3. 小蜗牛进3步（涂3格）	1. 小蜗牛不前进 2. 小蜗牛进1步（涂1格） 3. 小蜗牛进3步（涂3格）
我会按步骤整理好书包： 1. 我不会独立按步骤整理好书包 2. 我会在家长的帮助下按步骤整理好书包 3. 我完全能独立按步骤整理好书包	1. 小蜗牛不前进 2. 小蜗牛进1步（涂1格） 3. 小蜗牛进3步（涂3格）	1. 小蜗牛不前进 2. 小蜗牛进1步（涂1格） 3. 小蜗牛进3步（涂3格）

二、小书桌变形记

> 亲子进阶营

让小书桌变身

要让孩子主动整理书桌,家长首先要一点点从细节上带动孩子,少干涉,多引导,孩子总会在日积月累中,慢慢养成有序整理的好习惯。

第一步:不着急,一起先来分分类

这张书桌太乱啦!闵小行,我们一起来看一看,书桌上的物品怎样整理更有序呢?

孩子的回答:_____

我给书桌上的"宝贝"分分类:(在书末找到贴纸贴入相应的框中)

书籍	文具	其他

第二步：太棒了！爸爸妈妈教我学整理

家长可以身先试行，带领孩子一起整理收纳，让孩子在劳动中学会整理的方法。

可以先给书桌划分不同的区域，分门别类放物品。

下面这些桌面收纳"宝物"也可以让你的书桌看起来更整洁！

笔筒

书立　　收纳盒

第三步：练练练，我的进步看得见

当孩子学会给书桌物品分类，并利用收纳"宝物"摆放在不同区域后，家长可以引导孩子开展一次有趣的"小书桌变形记"21天打卡活动，用书桌前后不同变化的照片记录孩子的成长进步，及时对孩子进行激励评价。

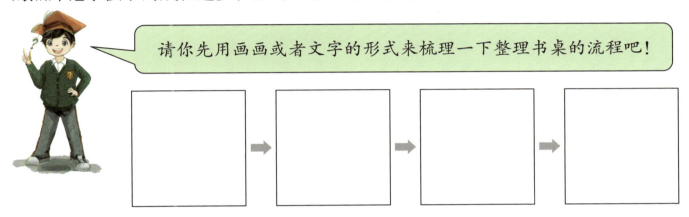

请你先用画画或者文字的形式来梳理一下整理书桌的流程吧！

现在开始小书桌变形记吧！（用照片记录整理前后的变化）

书桌变身前

书桌变身后

亲子闯关集章卡

（请在书末找到贴纸，评一评，贴一贴吧！）

亲子进阶营

巧搭语言支架，实现表达进阶

　　家长是孩子最好的倾听者，倾听孩子诉说心里话，是一天中的幸福时光。我们可以通过图文排序、填顺序词和"五指叙述法"等表达游戏，帮助孩子有序表达，实现表达进阶！

 第一步：热身小游戏——事情发展有顺序

> 如何种出一朵小花？请你给图片排排序，在左上角的方框里填上序号。

参考答案：3　　1　　4　　2

三、多想告诉你

🍀 **第二步：句子百花园——请给句子排排队**

今天放学后，闵小行闷闷不乐，主动向妈妈说起了今天做值日时发生的事，可他说了半天，妈妈也没听懂。

请孩子和家长帮闵小行说的话排排序，在小花上写上对应序号。

❀ 我过去提醒他，他却说我凭什么管他。

❀ 我生气地走开去擦黑板，小强竟来抢抹布，硬要擦黑板。

❀ 妈妈，今天我当值日班长。

❀ 我安排同学们扫地，可小强不肯扫，一直和同学聊天。

❀ 老师看到了，教育了我们，让我和小强一起擦。

参考答案： 3   4   1   2   5

藏在生活里的品格密码：有序品格

 第三步：词语百宝箱——用上宝藏顺序词

如果我们用上顺序词，就会说得更加清晰、有条理。请你在书末找到相应的贴纸，再把合适的词贴到句子中，然后连起来讲讲这件事。

 首先　　 接着　　 最后　　 然后

妈妈，今天我当值日班长。

☐，我安排他们组扫地，小强不肯扫，一直和同学聊天。

☐，我过去提醒他，他却说我凭什么管他。

☐，我生气地走开去擦黑板，小强竟来抢抹布，硬是要擦黑板。

☐，老师看到了，教育了我们，让我和小强一起擦。

参考答案：首先、接着、然后、最后。

第四步：表达挑战营——试试"五指叙述法"

闵小行最近学会了一个有序表达魔法公式——"五指叙述法"！只要伸出小手就能帮助你清晰表达，快来试试吧！

请你伸出一只手，五根手指分别代表"时间""地点""人物""事件""结果"，最后握拳说说"反思"。

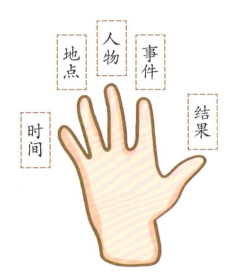

小朋友，你学会了吗？快用"五指叙述法"跟爸爸妈妈讲讲今天发生的事情吧！

亲子表达"智慧花"

小朋友,快来评一评自己的表现吧!请你在花瓣左边相应的方框里打"√"。

孩子成长花

1. 爱表达,能交流
   - ☐ 能主动跟家长交流
   - ☐ 有时能主动跟家长交流
   - ☐ 家长提醒后能交流

2. 愿表达,善用词
   - ☐ 能用多个顺序词
   - ☐ 能用一两个顺序词
   - ☐ 没有用顺序词

3. 乐表达,句有序
   - ☐ 句子顺序全部正确
   - ☐ 能在家长提醒下自己调整句子顺序
   - ☐ 能在家长帮助下一同调整句子顺序

4. 善表达,有方法
   - ☐ 有"五指叙述法"的六要点
   - ☐ 有"五指叙述法"的四到五个要点
   - ☐ 只有"五指叙述法"的一至三个要点

家长评价花

1. 爱表达,能交流
   - ☐ 能主动跟家长交流
   - ☐ 有时能主动跟家长交流
   - ☐ 家长提醒后能交流

2. 愿表达,善用词
   - ☐ 能用多个顺序词
   - ☐ 能用一两个顺序词
   - ☐ 没有用顺序词

3. 乐表达,句有序
   - ☐ 句子顺序全部正确
   - ☐ 能在家长提醒下自己调整句子顺序
   - ☐ 能在家长帮助下一同调整句子顺序

4. 善表达,有方法
   - ☐ 有"五指叙述法"的六要点
   - ☐ 有"五指叙述法"的四到五个要点
   - ☐ 只有"五指叙述法"的一至三个要点

亲子进阶营

有序思考"袜哈哈"

有序思考是一种重要的思维能力，这种能力不仅能调动孩子的创新意识，激发孩子的学习兴趣，同时能引导孩子独立思考、主动探索问题。家长可以带着孩子一起读一读下面的故事，让他们发现有序之美，在劳动中引导孩子学会有序思考。

大家好，我是"袜哈哈"，今天天气真晴朗，我出来游玩啦！我刚才路过了下面几个地方。小朋友，你觉得哪几个场景最有序呢？请用笔圈一圈吧。

四、"袜哈哈"的奇幻漫游

小朋友，你知道我身体各部位的名称吗？快来动手贴一贴吧（书末附贴纸）。

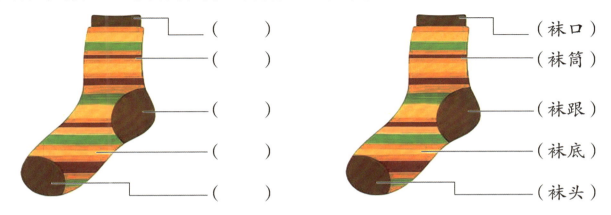

我今天想要出去参加一个朋友的生日派对，但是我的身上太脏了。你能帮我洗个澡吗？在洗之前，先思考一下，应该先做什么，后做什么呢？请你来排排序吧。

（　　）漂洗：用清水反复冲洗袜子。

（　　）浸泡：把袜子放进准备好的小盆子里，完全浸泡。

（　　）洗涤：在袜子上打上肥皂或者倒入洗衣液。用小手去搓袜子（尤其是袜底、脚尖和脚后跟部位）直至起泡沫。

（　　）晾晒：把洗好的袜子挂晾起来。

参考答案：3　　1　　2　　4

小朋友,我们"袜哈哈"家族非常团结,长相一样的会一直待在一起。但是,我的小主人不小心把我们分开了,你能帮我们找到我们的兄弟或姐妹吗?请用笔连一连吧。

小朋友,你能学着下面的方法,让我和我的兄弟或姐妹变成袜子球吗?这样,我们就不会分开了。

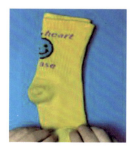
① 从袜头一边开始卷袜子。

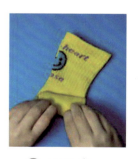
② 继续卷。

③ 卷到开口处翻一下。

④ 变成袜子球。

四、"袜哈哈"的奇幻漫游

晒晒我的小袜子

小朋友,在"袜哈哈"的奇幻漫游中,你都学会了什么本领呢?请自己评价一下吧,看看你能得到几只袜子,可以把得到的袜子(贴纸见书末)贴在下面的晒衣绳上哦!如果能得到6只及6只以上的袜子,你就是清洁小达人了,快快行动起来吧!

清洗步骤

1. 我能按照正确的步骤洗袜子（可获得3只袜子）

2. 我可以在家长的提醒下按正确的步骤洗袜子（可获得2只袜子）

3. 我还不太会按照正确的步骤洗袜子（可获得1只袜子）

清洗成效

1. 我能把袜子的各个部位都洗得很干净（可获得3只袜子）

2. 我能把袜子基本洗干净，有时袜底洗不干净（可获得2只袜子）

3. 我还不太能把袜子洗得很干净（可获得1只袜子）

晾晒收纳

1. 我会正确地晾晒收纳袜子（可获得3只袜子）

2. 我可以在家长的提醒下晾晒收纳袜子（可获得2只袜子）

3. 我还不太会按照正确的方法晾晒收纳袜子（可获得1只袜子）

亲子进阶营

水培蔬菜魔法记

小小菜根水中养，劳动实践种植忙，精心管理勤呵护，开花结果多欢畅。作为家长，我们可以巧用生活中的资源，带着孩子一起"变废为宝"，在做中体验种植的乐趣和生命的神奇，培养孩子的有序品格。

第一步：探秘材料大作战

瓜果类蔬菜、根茎类蔬菜都是不错的选择！

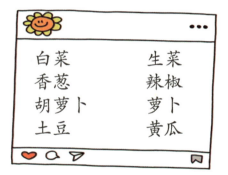

白菜　　生菜
香葱　　辣椒
胡萝卜　萝卜
土豆　　黄瓜

哪些蔬菜适合水培呢？我们一起来看看。结合左边图片上的提示，和孩子一起去厨房探秘，寻找可利用的资源，想想还有哪些蔬菜适合水培。将你的发现拍照贴在下面的照片框中吧！

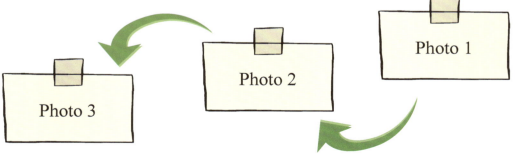

第二步：行动起来乐趣多

家长和孩子一起动手做一做，在动手的过程中，家长可以适时提醒孩子按步骤进行。在这个过程中孩子的动手能力得到锻炼、思维得到发展，还能感受水培菜根的乐趣，明白水培菜根也是要按照顺序来进行的。

1. 先准备一个瓶子，再沿线剪开。

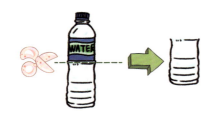

2. 选择你喜欢的菜苗，留下 4 cm 左右的根茎部分。

3. 瓶中注入适量的清水，把切好的根茎部分固定到水瓶中，水没过根茎部分即可。

4. 置于适宜的环境中，定期观察水量，静待植物变化，3 至 4 天可换一次水。

第三步：小小蔬菜大变样

21 天过去了，快和大家分享一下你的收获吧！放在适宜的条件下，它们是不是"变变变"了？给它们拍照留念吧！顺便发挥你的奇思妙想，把你的种植过程画一画。

能量收集站

小小的菜根在我们的照料下也能"变变变",快来给我们的菜根养护行动进行评价吧!

收集阳光能量和雨滴

内容	评价标准	自评	家长评
乐趣多又多	我能主动参与生菜根水培	💧💧💧	☀️☀️☀️
	我能在家人的提醒下参与生菜根水培	💧💧	☀️☀️
	我偶尔能参与生菜根水培	💧	☀️
能力大变样	我能按正确的步骤进行生菜根水培	💧💧💧	☀️☀️☀️
	我基本能按照步骤进行生菜根水培	💧💧	☀️☀️
	我还不太能按照步骤进行生菜根水培	💧	☀️
花样叠叠乐	我能用习得方法水培其他蔬菜	💧💧💧	☀️☀️☀️
	我基本能用习得方法水培1至2种蔬菜	💧💧	☀️☀️
	我还不太能用习得方法水培其他蔬菜	💧	☀️

你收集了_____(个)阳光能量和雨滴!

让我们用收集的能量一起来浇灌我们的水培植物吧!为绿色赋能!(在文末找到贴纸,贴一贴)

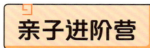
亲子进阶营

人间至味是团圆

有爱，就是团圆。伴随着节日仪式感的劳动内容，能在潜移默化中培养孩子热爱劳动、热爱生活的情感认同和行为习惯，有助于有序劳动品格的养成。在培养学生劳动品格的过程中，家长是协助者、倾听者、陪伴者，切勿在孩子提出某项建议或安排时急于打断，而是可以听完孩子的话，再进行回应或给出更好的建议。

第一步：排一排

请家长与孩子共同为团圆饭的准备工作进行排序吧。

 梳理流程，确认方案。

 确定参与名单，确认菜单，征询家庭成员意见。

 进行团圆饭，互相送上节日的祝福。

 主动承担洗碗或其他整理收尾工作。

 为团圆饭的顺利进行，提前进行卫生整理工作。

 准备团圆饭，可参与完成一道拿手菜。

 根据方案，采购食材与其他需要的物品。

_____ → _____ → _____ → _____ → _____ → _____ → _____

参考答案：

01 → 02 → 05 → 07 → 06 → 03 → 04

第二步：理一理

家长可以与孩子一起讨论：哪些事是小朋友可以学着做的？

| ①洗菜 | ②炒菜 | ③择菜 | ④洗碗 | ⑤安排座位 |

| ⑥邀请客人 | ⑦拖地 | ⑧整理餐桌 | ⑨处理厨余垃圾 | ⑩学做冷菜 |

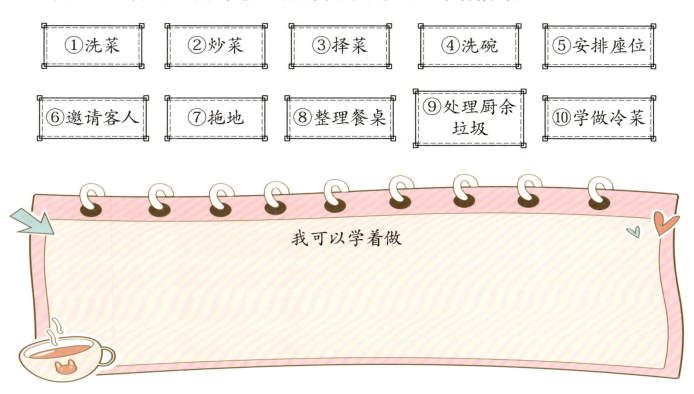

我可以学着做

第三步：选一选

1. 合格的团圆饭策划师要根据人员的喜好、数量、荤素、冷热、种类等方面选择合适的菜品，策划之前可以先做一个小调查：此次团圆饭共_____人。

参与人员	喜好（可多选）									
爸爸	□荤	□素	□咸	□甜	□酸	□辣	□油炸	□红烧	□清蒸	□凉拌	□其他____
妈妈	□荤	□素	□咸	□甜	□酸	□辣	□油炸	□红烧	□清蒸	□凉拌	□其他____
我	□荤	□素	□咸	□甜	□酸	□辣	□油炸	□红烧	□清蒸	□凉拌	□其他____
	□荤	□素	□咸	□甜	□酸	□辣	□油炸	□红烧	□清蒸	□凉拌	□其他____
	□荤	□素	□咸	□甜	□酸	□辣	□油炸	□红烧	□清蒸	□凉拌	□其他____
	□荤	□素	□咸	□甜	□酸	□辣	□油炸	□红烧	□清蒸	□凉拌	□其他____
	□荤	□素	□咸	□甜	□酸	□辣	□油炸	□红烧	□清蒸	□凉拌	□其他____

2. 接下来就试着来策划吧！记得要有序思考哦！（如果选项中没有你心仪的菜品，可以自己写一写）

美好"食光"

团圆饭策划顺利结束！小朋友，和爸爸妈妈一起看看，能吃到多少美食吧！

根据完成情况，给餐桌上的食物分别涂色：<u>0 个为"不符合"，3 个为"说不清"，5 个为"符合"</u>。

 1. 我能够在策划团圆饭**前**，先与父母共同确定方案流程，让劳动有序开展。

 2. 我能够有序地策划菜的品种与数量，让大家在团圆饭**中**既有喜欢的食物，又不浪费。

 3. 我能够学着策划团圆饭的方法，有序地**再**策划一次同学来家里做客的安排。

 4. <u>**爸爸妈妈**</u>：我的孩子能够有序地按照流程，顺利地完成一次"策食记"。

亲子进阶营

关于垃圾的那些事

家长在劳动过程中应作为一个点拨者、协助者的角色,而不是主导者,在孩子劳动过程中产生顺序混乱时从旁协助,为其调准顺序,确保劳动活动有序开展,而不是在旁"泼凉水"。让孩子在劳动过程中自主摸索,学会方法,不断成长。

1 亲子巧辨识,让垃圾有二次生命

圈一圈下图中的可回收垃圾,可以与爸爸妈妈一起讨论。

2 亲子来配合,垃圾有序收纳

试试不同的垃圾应该如何有序整理呢?可以与爸爸妈妈一起配合。

藏在生活里的品格密码：有序品格

（一）瓶子、易拉罐类（排排序，填序号）

① 踩扁瓶体，便于收纳。 ➡ ② 倒掉剩余的液体。 ➡ ③ 统一整理到袋子中。

[　　] ➡ [　　] ➡ [　　]

（二）纸盒类

① 将纸盒内的杂物取出。　② 去除表面胶带。　③ 压平纸盒。　④ 按照大小来叠放。　根据不同的情况来选择　⑤ 可以用绳子或胶带捆扎。

扎绳小技巧：1. 一根绳子捆住书本并打结。

2. 绳子绕盒子一圈绑好。

3. 绳子打活结，方便拿取。

最后，你就可以带着你整齐的"宝贝"前往垃圾回收站啦！

七、聚废为宝，收集快乐

贴上你的整理结果吧

3 收集快乐，劳动光荣

打包好的可回收垃圾就可以运往回收站，记得也要有序地进行出售哦！（可以按照下面的流程进行）

□合力运输　　□询问单价　　□分类称重　　□核算价格　　□结束废品回收

环保叠叠乐

爸爸妈妈和孩子可以根据废物利用活动过程中的表现进行评价，特别要关注落实有序性哦！

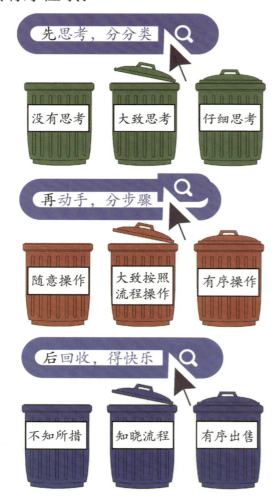

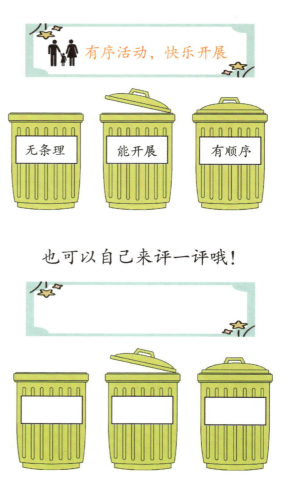

也可以自己来评一评哦！

有序清洗 gogogo

第一步：清洗水果会分辨

小朋友，哪些水果需要清洗？哪些不需要洗呢？请你把认为需要清洗的水果圈一圈。

上面的几种水果，都需要清洗后才能食用。尤其是草莓，表面坑坑洼洼，非常容易藏脏东西，更需要好方法将它们清洗干净。

第二步:水果洗澡妙招多

爸爸最喜欢吃苹果,妈妈最喜欢吃草莓。可是,我帮爸爸妈妈洗苹果和草莓的时候,发现只用清水冲洗,感觉没有洗干净,该怎么办呢?

小朋友,通过观察家人洗水果的过程或者去询问他们,你能帮闵小行出出主意吗?

小朋友的想法:

我可以用 _____ 来把苹果洗干净。

我可以用 _____ 来把草莓洗干净。

小博士来支招——清洗水果时,除了清水,我们还可以借助**食用盐**或者**淀粉**。清洗苹果、梨子、柠檬这样的水果可以用来揉搓,而草莓、葡萄、樱桃这样的水果,我们可以借助淀粉。也就是说,我们要根据水果的特点进行选择哦。

小朋友,你学会了吗?准备好铅笔,跟着小博士一起来选一选,下列水果用哪种清洗方式最合适。

藏在生活里的品格密码：有序品格

☐清水	☐清水	☐清水	☐清水	☐清水
☐盐	☐盐	☐盐	☐盐	☐盐
☐淀粉	☐淀粉	☐淀粉	☐淀粉	☐淀粉

第三步：洗得干净按步骤

> 小朋友，怎么用食用盐或者淀粉把水果洗干净呢？要根据小博士的步骤按顺序去做哦！准备好工具，跟着小博士有序完成吧！

圆圆苹果巧用盐

▲ 准备好了吗？

▲ 一起开始吧！

 苹果

 食用盐

42

八、花样水果洗澡记

①用流动水冲洗苹果。	②在手掌上或者苹果上撒适量的盐。	③双手反复揉搓苹果。	④用流动水洗干净。
	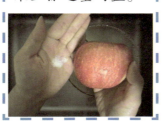		

小小草莓用淀粉

①  保留草莓的根蒂，用流动水把草莓冲洗一遍。

②  换一个大点儿的盆，撒两勺面粉，加入清水，没过草莓。

③   用手轻轻将草莓顺着一个方向转动，动作要轻柔一点。

一边用清水冲洗，一边摘掉草莓的根蒂。

吃好晚饭，我用新学会的洗水果本领，为全家准备了一份水果拼盘，有樱桃、草莓、苹果。看着家人们吃到我亲手准备的水果，我既高兴又自豪，大家都夸我好棒呀！嘿嘿，小朋友，你也动手来清洗水果吧，还可以拍照留念哦！

1. 不要长时间浸泡草莓。
2. 清洗时不要弄湿地面，以防滑倒。

照片粘贴处

亲子水果园

水果花样多，清洗妙招多。小朋友，你学会了吗？快来评价一下吧！根据自己的实际情况，为果盘里的水果涂色吧！

小朋友的行动	评价
我愿意为家人清洗水果	我非常乐意（3个苹果） 我比较愿意（2个苹果） 我不太愿意（1个苹果）
我会根据不同水果的特点选择不同的清洗方式	我会开动脑筋，选择正确的清洗方式（3颗樱桃） 我尝试着根据不同水果选择不同的清洗方式（2颗樱桃） 在爸爸妈妈的帮助下，我能选择正确的清洗方式（1颗樱桃）
我能够按照步骤清洗水果	我能独立完成，把水果清洗干净（3颗草莓） 我尝试着按照步骤清洗水果（2颗草莓） 在爸爸妈妈的帮助下，我能够按步骤清洗水果（1颗草莓）

亲子进阶营

摆餐有顺序

餐桌上的劳动有利于家庭成员之间情感的沟通和交流,家人共同布置餐桌、同桌就餐等活动能为亲子互动提供平台。

第一步:摆放步骤我知道

闵小行,吃饭以前摆放餐具该做哪些事呢?

我得把碗和筷子放到餐桌上。

1."图片排序"来帮忙

小朋友,摆放餐具可不仅仅是把碗和筷子放到餐桌上哦!要分好几步,具体怎么做呢?仔细观察图片,先跟爸爸妈妈合作来排排序吧!

清点餐具的数量　　双手端好送桌上　　按照顺序摆餐具　　统计用餐的人数
　　(　　)　　　　　　(　　)　　　　　　(　　)　　　　　　(　　)

九、饭前餐具,放着我来

2."思维导图"来帮忙

排好序以后,如何将四个步骤更加具象化地记忆呢?推荐小朋友们使用"**思维导图**"这一工具。"思维导图"是一种图文并茂的可视化笔记。以本次"饭前摆放餐具"为例,可参考下面的"思维导图"。

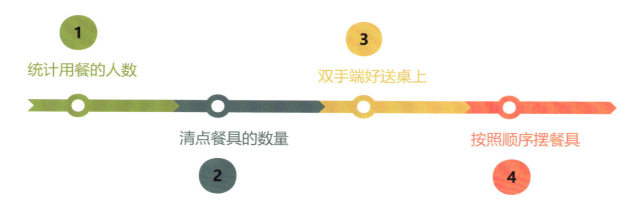

在爸爸妈妈的帮助下,孩子已经知道了餐前摆放餐具需要做哪些事情。此时,如果爸爸妈妈可以引导孩子把这些步骤按照顺序说清楚,相信一定能帮助孩子更好地完成这项劳动!

"**首先**""**接着**""**然后**""**最后**"**这些表示先后顺序的关联词,可以帮助我们把一件事的顺序说清楚。我们一起来试试看吧!**

餐前摆放餐具,首先我要……,接着……,然后……,最后……。

第二步：餐具摆放我来做

周六晚上，爷爷奶奶一起来吃饭，就让闵小行来摆放餐具吧！

闵小行家	我家
吃晚饭的有爷爷、奶奶、爸爸、妈妈、妹妹和闵小行，一共有（　　）人。	吃晚饭的有　　　　　　　　　　　，一共（　　）人。
闵小行要数（　　）个碗、（　　）双筷子、（　　）个勺子。	我要数（　　）个碗、（　　）双筷子、（　　）个勺子。

碗筷勺怎么有序摆放呢？请你判断一下，并说说理由。

①
②
③
④
⑤

参考答案：① ×。端过来的餐具要依次摆放到每位用餐者的座位前。
② √。
③ ×。筷子要按照粗细前后排列。
④ ×。筷子插在碗里，是不礼貌的。
⑤ √。

选择你喜欢的方式,快来摆一摆吧!咔嚓一声,拍照记录哦。

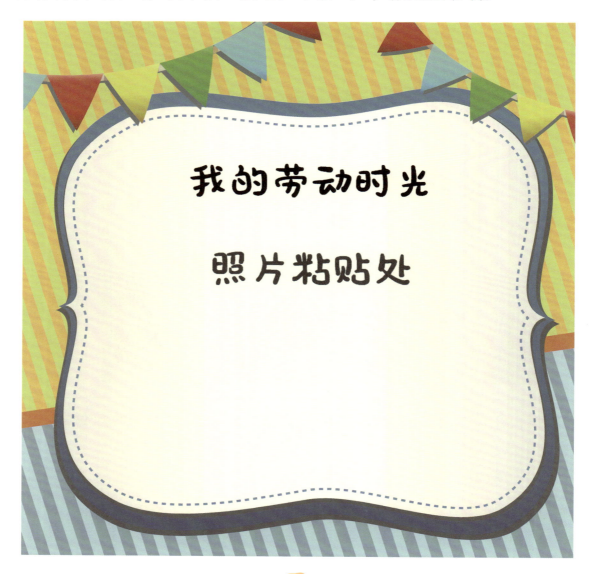

我的劳动时光

照片粘贴处

亲子能量桌

小朋友们,根据自己的表现来评价一下吧!快翻到书末,我们准备了9盘经典的"上海菜",你可以根据自己的表现选择喜欢的菜,把它们贴在餐桌上。

小朋友的行动	评价		
	3盘菜	2盘菜	1盘菜
我能够根据用餐人数准备餐具数量	非常准确	相差一个	相差两个
我知道摆放餐具的步骤	我能表达清楚	我能在爸爸妈妈的帮助下表达清楚	我知道步骤,但是说不清楚
我能按步骤摆放好餐具	我能独立做好	我尝试着按照步骤摆好餐具	我能在爸爸妈妈的帮助下摆好餐具

十、接招吧，厨房"小怪物"

妈妈，妈妈，本月的烹饪主题是排骨玉米汤，那可是我的最爱啊！

本周末又到学校每月一次的"我是小小烹饪家"活动。每一次的烹饪过程都令人提心吊胆，生怕出现什么意外。

烹饪时请注意火源和食材安全，确保每一步操作都稳妥无误，这样你才能安心享受烹饪的乐趣哦！

十、接招吧，厨房"小怪物"

> **亲子进阶营**

剑法三连击

家长可以利用每月一次的"小小烹饪家"活动，带领孩子一起排查厨房隐患、思考如何避免隐患、宣传厨房安全知识。

 剑法第①式：一击即中

下图中你能找到几个安全隐患"小怪物"？圈出来。

 剑法第②式：以静制动

厨房作为家庭场所使用率较高的地方之一，有时在不经意间就可能让隐患"小怪物"有机可乘，如果我们做到将厨房用具和厨房电器合理地摆放，安全地使用，隐患"小怪物"就可能无处遁形。让我们为自己家庭的厨房布局吧。

十、接招吧，厨房"小怪物"

请你在文末找到厨房电器和厨房用具贴纸，贴在下面的图中。

 剑法第③式：见招拆招

孩子创新培养的过程其实也是创造思维发展的过程。除了我们的厨房，其实我们还是会被一些"精明"的"小怪物"钻了空子，你看，它们来了……除了自己掌握"剑法"，我们还应该将这些招式教会其他人，让人人都能成为一名"侠客"。

藏在生活里的品格密码：有序品格

请你找出下图中存在的安全隐患，写在方框里！（参照第一幅图）

家用电器的电源引线要正确接在线路中的火线和零线位置，不可相互错接。

十、接招吧，厨房"小怪物"

安全小卫士

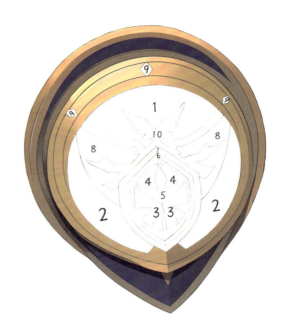

（根据评价标准，获取不同号码的防御盾牌，涂满大盾牌，击败"小怪物"）

孩子评价		家长评价	
勇敢表达内心感受	1	认真倾听孩子的想法	6
主动参与活动	2	及时给予孩子肯定或表扬	7
积极思考，拓展思维	3	为孩子提供经验或方法	8
独立完成作品	4	与孩子一起完成作品	9
遇到困难与父母商量	5	适时关注孩子的安全	10

藏在生活里的品格密码：有序品格

有序品格总评

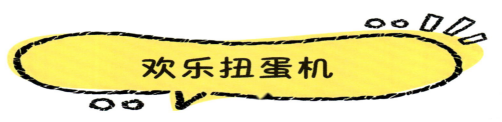
欢乐扭蛋机

每个任务达标后可以获得一枚彩色贴纸，将贴纸（见文末）贴入扭蛋机。

待十个任务全部达标，十枚贴纸全部贴入后，可启动扭蛋机，获得一份礼物（由家长和孩子共同商定）。

后记

心田里的春雨——品格教育的生命力量

在这本书的最后，我们想用一颗感恩的心，为这段旅程画上句号。这不仅是一本书的完成，更是一段心灵的旅行，背后承载着无数人的智慧与心血。

这本《藏在生活里的品格密码》的诞生，离不开上海市班主任带头人冯志兰工作室、闵行区冯志兰名师基地以及莘庄镇冯志兰名师工作室所有老师的共同努力。同时也特别鸣谢上海市班主任带头人冯志兰工作室所在学校——闵行区莘庄镇小学给予的支持。它们是思想的火花碰撞的场所，是教育理念与时俱进的见证，更是品格教育实践研究的前沿阵地。

此外，我们要向所有为本书倾注心血的团队成员致以最深切的敬意。编写团队谢玮、沈小婷、张双、肖音青、陈欣、徐皓、章俊、饶玲以及绘图团队王佳洁、苏超明、王欣、方园、吴政彤、刘乐语、徐茵洁，你们的才华与努力，跃然纸上，充满生命力。你们不仅是知识的传递者，更是美好品格的播种者，你们用爱与智慧引领孩子们的成长之路。

我们携手并肩，面对挑战，共享喜悦。每一次思想的碰撞，都如同星辰汇聚，点亮了品格教育的星空。本书是我们共同智慧的结晶，见证了品格教育如何如细雨般滋养心灵，于无声处塑造灵魂。

我们期望，通过这本书，家长与孩子能够携手漫步于品格的花园，让优秀品格成为生活的基石，让爱与智慧在家庭中生根发芽，绽放出最灿烂的花朵。

1. 变身吧，我的小书包

2. 小书桌变形记

亲子闯关集章卡

家长闯关集章卡

3. 多想告诉你

 首先 接着 最后 然后 首先 接着 最后  然后

4. "袜哈哈"的奇幻漫游

| 袜口 | | 袜筒 | | 袜跟 | | 袜底 | | 袜头 |

5. 菜根水培乐趣多

6. 饭前餐具，放着我来

7. 接招吧，厨房"小怪物"

8. 有序品格总评

藏在生活里的品格密码

坚持品格

上海市班主任带头人冯志兰工作室 编

内容提要

本书是一本旨在培养孩子美好品格的指南。全书按品格种类分为五册，分别是有序品格、坚持品格、合作品格、创新品格、感恩品格。每种品格内容根据孩子的成长进阶，难度升级，当孩子掌握这五种品格以后，相信已经成长为一个具备美好品格的好孩子了！本书以家庭活动为背景，围绕主人公闵小行和他的爸爸、妈妈、爷爷、奶奶以及妹妹闵小思之间的故事展开。本书内容翔实、图文并茂，适合父母和孩子共同阅读。

本册主题为"坚持品格"。

图书在版编目（CIP）数据

藏在生活里的品格密码. 坚持品格 / 上海市班主任带头人冯志兰工作室编. — 上海：上海交通大学出版社，2024.10 — ISBN 978-7-313-31044-6

Ⅰ．D432.62

中国国家版本馆CIP数据核字第2024V3N381号

藏在生活里的品格密码：坚持品格
CANG ZAI SHENGHUO LI DE PINGE MIMA: JIANCHI PINGE

编　　者：	上海市班主任带头人冯志兰工作室			
出版发行：	上海交通大学出版社	地　　址：	上海市番禺路951号
邮政编码：	200030	电　　话：	021-64071208
印　　制：	上海文浩包装科技有限公司	经　　销：	全国新华书店
开　　本：	889mm×1194mm　1/24	印　　张：	2.75
字　　数：	48千字		
版　　次：	2024年10月第1版	印　　次：	2024年10月第1次印刷
书　　号：	ISBN 978-7-313-31044-6		
定　　价：	98.00元（全5册）		

版权所有　侵权必究

告读者：如发现本书有印装质量问题请与印刷厂质量科联系

联系电话：021-57480129

我想告诉你，这是一本怎样的书

亲爱的家长朋友：

当您手中拿起这本《藏在生活里的品格密码》，相信您已经迈出了培养孩子美好品格的第一步。在您面前的不仅仅是一本书，更是一份家庭教育的"旅行指南"，一个亲子成长的快乐宝盒。这里不会有高深莫测的理论，也不会有冗长乏味的讲解，有的只是那些藏于日常生活之中的教育智慧和温情瞬间。

我们希望这本书能成为您的贴心伴侣，带您走进孩子的世界；同时也让您的孩子跟随书中的品格密码，慢慢理解什么是有序、坚持、合作、创新与感恩。我们鼓励您带着孩子一起阅读，让每一个真实的情境，成为你们之间亲子交流的契机。

更为特别的是，本书还邀请您和孩子一同创造一本属于你们的亲子品格成长手账。在这个过程中，你们的每一次互动、每一份评价、每一刻温馨的感受都将被记录，编织成一份份珍贵的记忆。这本手账将是你们共同努力的成果，也是孩子品格成长的见证。

请您以一种轻松愉悦的心情翻开这本书，就像和一个老朋友聊天一样，不要有压力，只需享受与孩子互动的乐趣。我们相信，通过这一次次的亲子之"旅"，您将找到引导孩子成长为拥有有序、坚持、合作、创新、感恩等品格的关键。

愿您和孩子在这段"旅程"中，收获爱与智慧，共同成长，让品格教育成为生活中最美好的礼物。

快来享受这场与孩子的心灵之旅吧！

祝您阅读愉快！

上海市班主任带头人冯志兰工作室全体成员

序言

坚持品格

"放弃不难,但坚持一定很酷。"亲爱的小朋友,无论当下的你是否认同这句话,从翻开这一页开始,你就已经踏上了一次前往"坚持宇宙"的探索之旅!

接下来的旅程中,等待你的将是十次趣味盎然、别具一格的星际航行:第一次挑战,将照亮你的航道,唤醒你的前进内驱力;第二次挑战,考验你的耐心和决心,教会你如何在日常小事中坚持;第三次挑战,你将学到遇到困难时如何去突破和坚持;第四次挑战,告诉你在追求美好中,也要时刻保持清醒的头脑;第五次挑战,将教你如何在变化中去寻找坚持的方法;第六次挑战,需要你学会灵活地应变,提高解决问题的能力;第七次挑战,你学会了协调,理解事物间的相互关联;第八次挑战,你将尝试深入探索,不忽视细节中的秘密;第九次挑战,考验你的是超越自我,勇敢地迈向新的阶梯;第十次挑战,代表着你的目标和梦想,你用不灭的光芒,指引前行。

在这无尽的宇宙之中,坚持便是你最宝贵的星舰,带领你穿越挑战的星系,探索生命的无限可能。

"头号玩家"们,驾驶着坚韧的意志,穿梭于星辰之间,去探索成长中未知的领域吧!

目录

一　解锁DIY里的"多巴胺" ………………………… 1

二　文具天天把家还 ………………………………… 7

三　保温杯搓澡记 …………………………………… 12

四　打造我的"幸福小被窝" ………………………… 17

五　鞋带易散，"系"上心来 ………………………… 23

六　"蚕"意绵绵 …………………………………… 29

七　玩具总动员 ……………………………………… 34

八　"发"现美好 …………………………………… 41

九　开"整"吧！"在逃"作业君 …………………… 47

十　成长"菇"事 …………………………………… 52

坚持品格总评 ………………………………………… 58

后记 …………………………………………………… 59

人物介绍

亲子进阶营

"黄金配方"解锁劳动"多巴胺"

很多时候孩子觉得自己不行,更多是出于对这项劳动的不了解、对自己能力的不自信。

对此,家长可以尝试以下的"黄金配方"去一步步唤醒孩子在劳动上的内驱力,解锁劳动带来的"多巴胺",真正挥洒劳动的汗水,才能收获劳动的快乐、理解劳动的意义。

自主感 + 胜任感 + 联结感 = 劳动"多巴胺"

自主感:我能选择我想做的劳动。

胜任感:我能做好这个劳动。

联结感:我能在一个充满爱与支持的环境里做好这个劳动。

劳动"多巴胺":做这个劳动好玩、让我快乐,我能克服困难坚持下去。

一、解锁DIY里的"多巴胺"

🔓 自主感——放手让孩子去做自己能做的

保护孩子的自主感，会促进孩子的内驱力，激发他们想要完成这个任务的自信心和积极性。以闵小行为例，当他认为自己无法完成"书签DIY"时，我们可以尝试这么鼓励：

> 小行，你虽然不了解书签的制作，但是网上有很多这方面的信息，如果你试着去动手搜集下，也许就会发现其实并没有你想的那么难。

解锁密码1：强大的网络搜索

小贴士

关键词越精确，搜到的信息也越精准。

闵小行学会了3个用互联网搜索信息的小技巧

🔍 **技巧1：总结关键词**
你也动手试一试，看看这两个关键词搜索到的信息一样吗？

书签　　　　创意书签

 技巧2：用图片搜索
你可以尝试在搜索引擎里上传一张图片，看看能搜索出什么信息。

 技巧3：专业网站搜索
你还可以查询一些相关的专业网站，直接从里面寻找信息。

胜任感——适当的挑战让孩子觉得自己能做好

在孩子有了自己的理解和认识后,家长可以设计合适的小挑战,让他们朝着挑战目标,动手去做。

解锁密码 2:SMART 挑战目标

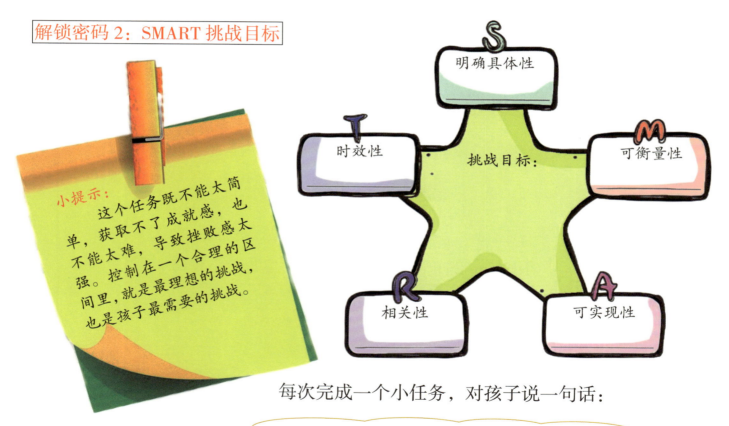

小提示:这个任务既不能太简单,获取不了成就感,也不能太难,导致挫败感太强。控制在一个合理的区间里,就是最理想的挑战,也是孩子最需要的挑战。

每次完成一个小任务,对孩子说一句话:

你看,只要你迎接挑战,每件事你都能做好!

联结感——爱与支持让孩子相信自己能做好

在孩子自己动手的过程中，难免会犯错，甚至会失败，而家长要做的就是给予他（她）无条件的爱与接纳。这是让孩子迎难而上、学会坚持的安全感和底气。把每一次失败都当成一次学习，并能利用过程中的失败进行总结和反思，转化成坚持品格的养料！

解锁密码3：善于总结的风车

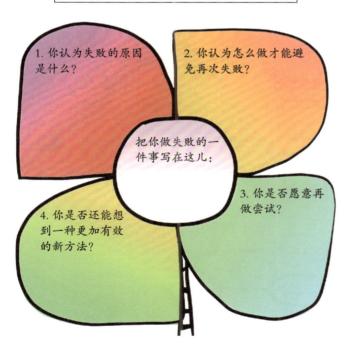

解锁密码4：进步的阶梯

面对自己的失败
把自己生活或学习中遭遇失败的一件事记在这儿。

别灰心，再试一次！
这一次尝试的结果如何？

找出这一次比之前进步的地方。

加油，再试一次！
这一次尝试的结果如何？

找出这一次比之前进步的地方。

亲子"多巴胺星球"

根据孩子和家长的表现,在进度条里标注相应的百分比,坚持的时间越久,进度条就越满。抵达属于你们的"多巴胺星球"吧!

我能选择我想做的劳动　100%

我能做好这个劳动　100%

我能得到爱与支持　100%

（宝贝号）

我能放手让孩子去做自己能做的　____%

我能给予适当的挑战让孩子觉得自己能做好　____%

我用爱与支持让孩子相信自己能做好　____%

我和孩子都从中获得了快乐,懂得了坚持　____%

（家长号）

亲子进阶营

Step 1　以身作则，有效沟通

怎样教会孩子坚持收纳好文具呢？

"小行，妈妈忘记拿钥匙了，我们得在家门口等爸爸回来了。"

"哦，好吧。妈妈，我饿了，你可以先带我去超市买点吃的东西吗？"

"哎呀，糟糕，妈妈的手机忘记充电，关机了！"

"妈妈——你怎么总是这样丢三落四？"

如果你是闵小行的妈妈，你会怎样继续跟孩子沟通呢？

（拿出钥匙和手机）
小行，你看，生活中这些看似简单的小事，如果不能坚持做好，会带来麻烦的。就像你的文具经常找不到，肯定会影响学习，对吧？妈妈和你一起改进吧！

二、文具天天把家还

 **Step 2**　锦囊妙计，行之有方

1. 和孩子一起给每件文具贴上姓名贴纸。
2. 帮助孩子明确每天携带的文具数量：铅笔（　）支，橡皮（　）块，尺子（　）把，其他（　　　）。
3. 与孩子协商每件文具在文具盒中的固定位置，短期内不变。
4. 爱心贴士：每次用完记得归位。

拍照展示一下你的文具盒吧！

藏在生活里的品格密码：坚持品格

 **Step 3**　制订计划，持之以恒

亲子共同制订计划，让文具天天回家吧！

1. 每天上学前，检查文具盒中文具的数量，并做记录。

2. 每天放学后，检查文具盒中文具的数量，并做记录。

3. 每_____天坚持将文具全部带回家，奖励_____。

4. 每_____天没有将文具全部带回家，惩罚_____。

文具打卡记录表

		一	二	三	四	五
1	（早）文具数量					
	（晚）文具数量					
2	（早）文具数量					
	（晚）文具数量					
3	（早）文具数量					
	（晚）文具数量					
4	（早）文具数量					
	（晚）文具数量					
5	（早）文具数量					
	（晚）文具数量					

二、文具天天把家还

文具回家路

评价标准	自己评	家长评
文具归位: 1. 能坚持每次用完文具及时归位 2. 基本能做到用完文具及时归位 3. 用完文具不会归位	1. 小铅笔前进5格 2. 小铅笔前进3格 3. 小铅笔不前进	1. 小铅笔前进5格 2. 小铅笔前进3格 3. 小铅笔不前进
制订计划: 1. 自主制订文具回家计划 2. 与家长一起制订文具回家计划 3. 不愿意制订文具回家计划	1. 小铅笔前进5格 2. 小铅笔前进3格 3. 小铅笔不前进	1. 小铅笔前进5格 2. 小铅笔前进3格 3. 小铅笔不前进
打卡记录: 1. 能够坚持每天打卡记录文具的数量 2. 基本能够坚持打卡记录文具的数量 3. 完全不能坚持记录文具的数量	1. 小铅笔前进5格 2. 小铅笔前进3格 3. 小铅笔不前进	1. 小铅笔前进5格 2. 小铅笔前进3格 3. 小铅笔不前进

(备注:文末附贴纸)

亲子进阶营

　　低年级的孩子已经有意识要保持自己的物品干净、卫生，他们愿意自己动手整理。但是由于年龄较小，他们可能存在**思考不全面**、**遇困难易放弃**等问题。作为家长，可以利用"清洗保温杯"这一劳动实践，带领孩子寻找解决问题的方法，树立解决问题的信心，培养**坚持**这一优秀品格。

第一步：问一问

询问孩子：宝贝，你觉得天天用脏兮兮的杯子喝水会不会影响身体健康呢？

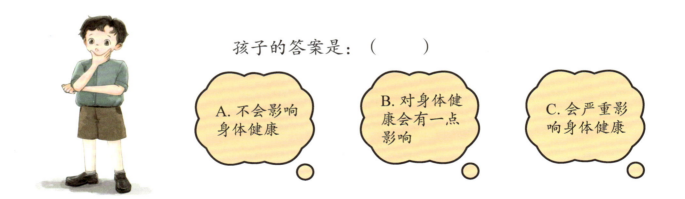

孩子的答案是：（　　）

A. 不会影响身体健康

B. 对身体健康会有一点影响

C. 会严重影响身体健康

家长观点：保温杯不经常清洗会隐藏很多细菌，把细菌喝到肚子里，会生病的。

第二步：找一找

请孩子找一找右图杯子上的细菌可能藏在哪里，贴贴纸标注一下吧！（文末附贴纸）

第三步：选一选

亲子协商清洗保温杯需要用到哪些物品。（在括号中打"√"）

杯刷（　　）　　洗涤剂（　　）

杯盖刷（　　）　　泡腾片（　　）

吸管刷（　　）　　小苏打（　　）

牙刷（　　）　　牙膏（　　）

擦洗布（　　）　　淘米水（　　）

钢丝球（　　）　　其他＿＿＿＿

第四步：洗一洗

如何清洗杯口

以牙刷、牙膏为例

1. 找一个旧牙刷。
2. 往牙刷上挤上一点牙膏。
3. 用牙刷沿着杯口按一个方向反复来刷。
4. 最后，用干净的水把泡沫冲洗干净。

淘米水清洗法

1. 在保温杯里放入一小把大米，然后再倒入一点食盐。
2. 往保温杯里面装入五分之一的清水，然后将盖子盖紧。
3. 盖子盖紧后，将保温杯拿起来，不停地摇晃。
4. 摇晃4~5分钟后，将保温杯打开，把里面的大米和水都倒出来。
5. 最后，用清水将保温杯再冲洗几遍。

第五步：定一定

亲子约定：

1. 每隔（ ）天彻底清洗一次保温杯。
2. 每次清洗后由爸爸（或妈妈）完成评价。

藏在生活里的品格密码：坚持品格

亲子蓄能环

（一）坚持清洗蓄能

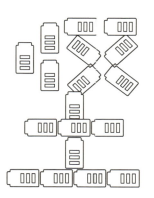

按照约定时间，自己主动清洗	▯▯▯	蓄能3格
按照约定时间，在父母提醒后清洗	▯▯▯	蓄能2格
按照约定时间，在父母的帮助下清洗	▯▯▯	蓄能1格
忘记按照约定时间清洗	▯▯▯	蓄能0格

能够独自将保温杯的所有地方清洗干净	▯▯▯	蓄能3格
能够独自将保温杯的大部分地方清洗干净	▯▯▯	蓄能2格
能够在父母的帮助下将保温杯清洗干净	▯▯▯	蓄能1格
不愿意清洗保温杯	▯▯▯	蓄能0格

（二）坚持闯关蓄能

孩子和家长分别在彩色格子中写一写自己还坚持攻克了哪些难关。

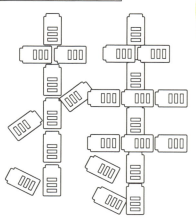

四、打造我的"幸福小被窝"

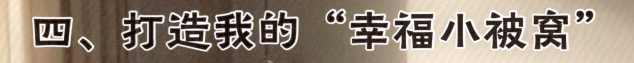

闵小行这孩子每天起床后整理床铺总是马马虎虎的,有的时候太着急,干脆不整理,床铺凌乱不堪。唉,只能我们大人帮忙整理了。

整理床铺是一项看似简单但也需要一些技巧的家务活,家长的正确引导、积极示范能够帮助孩子培养坚持的劳动品格。

亲子进阶营

整洁的床铺会给人舒适的感觉，整理床铺是低年级孩子生活自理能力中不可或缺的一项。在日常生活中，家长是否发现孩子似乎总是不愿叠被子，床铺凌乱不堪呢？请家长和孩子一起制订目标、养成习惯、学会坚持，共同打造"幸福小被窝"吧！

第一步：一起制订小目标

拍一拍我的小窝　　　　　画一画我梦想中的小窝

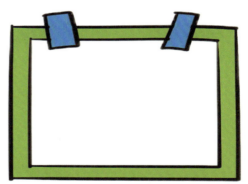

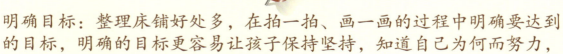

明确目标：整理床铺好处多，在拍一拍、画一画的过程中明确要达到的目标，明确的目标更容易让孩子保持坚持，知道自己为何而努力，这本身就是一件可以增加幸福感的事。

四、打造我的"幸福小被窝"

 第二步：养成叠被好习惯

想要拥有干净整洁的床铺，要先学会叠被子，准备好折纸，家长和孩子一起来玩"叠叠乐"吧！

① 平铺。　　　② 竖边平均　　　③ 将长条两端分别　　④ 沿中缝对折
　　　　　　　　分成三份。　　　向中间叠。　　　　　两边。

亲子小试身手：拍一拍自己叠被子的过程，贴一贴。

藏在生活里的品格密码：坚持品格

21天叠被打卡

1	2	3	4	5	6	7
8	9	10	11	12	13	14
15	16	17	18	19	20	21

小朋友，学会了叠被的小技巧，将它落实在每天的日常生活中，你离梦想中的"幸福小窝"又近了一大步哦！

建立习惯：将目标转化为日常习惯，每天都做一点点，累积的进步会让孩子更有坚持的动力。家长一开始要正确引导，积极示范，并鼓励孩子勇于尝试，在不断练习、克服困难中掌握整理小技巧。

四、打造我的"幸福小被窝"

第三步：床铺更整洁的秘密

想要让我们的床铺更整洁，其实在整理床铺前，先要准备一些小工具，这样会事半功倍哦！想一想整理床铺时，我们可以选用下面哪些工具，把它们的序号写在工具宝箱里吧！

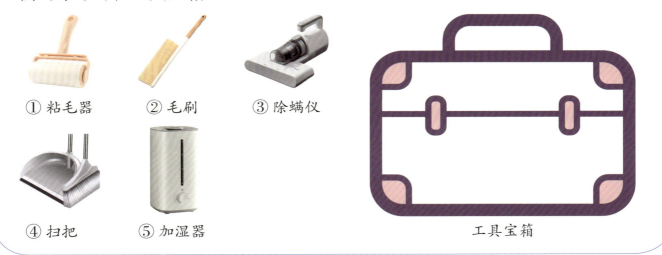

① 粘毛器　② 毛刷　③ 除螨仪　④ 扫把　⑤ 加湿器

工具宝箱

这段时间坚持整理床铺，你的梦想小窝是不是大变样了呢？快将你们打造的"幸福小窝"拍照展示一下吧！

藏在生活里的品格密码：坚持品格

奔向幸福的跑道

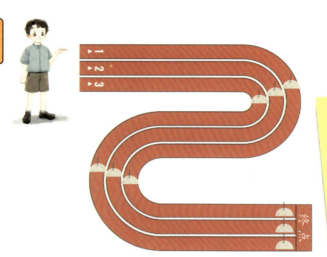

小朋友，根据自己的表现，在相应的跑道上插上小红旗，向幸福跑道的终点进发吧！（文末附小红旗贴纸）

	奔向幸福的跑道		
第1跑道	我能画出理想中床铺的样子，愿意主动整理自己的床铺 🚩🚩🚩	我能在家长的协助下画出理想中的床铺，愿意整理自己的床铺 🚩🚩	我能在家长的提醒下将床铺整理好 🚩
第2跑道	我能运用小技巧叠好被子，按步骤把床铺整理好，并能运用工具辅助整理床铺 🚩🚩🚩	我能运用小技巧叠好被子，并按步骤把床铺整理好 🚩🚩	我能在家长的帮助下按步骤把床铺整理好 🚩
第3跑道	我能积极克服整理过程中的困难，能每天坚持整理床铺 🚩🚩🚩	我能积极克服整理过程中的困难，能每周坚持整理床铺4至5天 🚩🚩	我能在家长帮助下克服整理过程中的困难，能每周坚持整理床铺2至3天 🚩

亲子进阶营

三"心"系鞋带，鞋上生花来

系鞋带是日常生活中的小事，学习新本领，帮孩子系上"信心"；练习穿鞋带和系鞋带，给孩子系上"细心"；在与爸爸妈妈和自我的比赛中，系上"恒心"。快快系起来吧！

第一系：系上"信心"

小博士提醒：

家长启发式语言能给孩子注入信心。除了红领巾，学会系鞋带还能让孩子学会什么本领呢？快画进泡泡框里吧！

第二系：系上"细心"

1. 穿鞋带

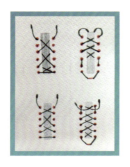 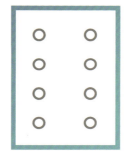

系鞋带的第一步是穿鞋带，请参考常见的几种系鞋带方法，在鞋板上尝试自己画一画吧！

2. 系鞋带

穿好鞋带之后，我们还可以一边唱着口诀，一边和爸爸妈妈学习系鞋带哦！

小鞋带，手中拿
一左一右先交叉
一根弯腰钻进门
用手拉住系紧它
折成两个兔耳朵
再一交叉钻下门
开出一朵蝴蝶花

怎么样，不难吧？再来一次，孩子可以试着改编儿歌，和爸爸妈妈一起系。

小鞋带，手中拿
_____先交叉
_____钻进门
_____
_____
_____
开出一朵蝴蝶花

小博士提醒：

在系鞋带的过程中，细心很关键，熟能生巧更重要，在保持兴趣的前提下要多加练习。

第三系：系上"恒心"

1. 和爸爸妈妈的比赛

来，现在开始和爸爸妈妈比一比，谁系鞋带更快、更好看、更持久。

	爸爸妈妈	孩子
用时		
花式		
维持了几天		

2. 和自己的比赛

有些系法能维持很久（如下两幅图），试试贴出你的作品吧。

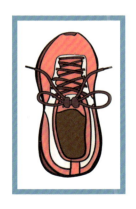  

一起走"花路"

三"心"系鞋带，鞋上生花来！小朋友，学到这里，你会系鞋带了吗？根据下面的评价表，给小脚印涂色吧！

	5个脚印	3个脚印	0个脚印
信心	我自愿系鞋带	在家人的帮助下，我愿意系鞋带	我不喜欢穿有鞋带的鞋子
细心	我能自主穿鞋带	我能看图穿鞋带	我不会穿鞋带
细心	我能编口诀系鞋带	我能看口诀系鞋带	我不会系鞋带
恒心	我能坚持把鞋带系得扎实又好看	我能坚持系鞋带不易散	我不想坚持

亲子进阶营

万事开头难,在孩子一开始接触和学习新事物时,父母的陪伴和及时的帮助非常重要,在孩子遇到困难时,耐心地指导,可以帮助孩子顺利地渡过难关。

🔍 蚕宝宝"邂逅记"

通过查阅书籍、报纸、杂志、网络等方式,搜集有关蚕宝宝的资料,或向有养蚕经验的人请教,并将信息整理记录下来。

蚕宝宝小调查

画一画:蚕宝宝的食物是什么?

画一画:蚕宝宝的家是怎样的?

写写画画:养蚕宝宝需要准备什么?

写一写:养蚕宝宝的注意事项有哪些?

六、"蚕"意绵绵

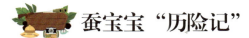 **蚕宝宝"历险记"**

蚕宝宝的生长过程不是一帆风顺的，它们会遇到哪些"艰难险阻"呢？让我们来听听蚕宝宝的"吐槽"吧！

蚕宝宝"吐槽大会"

我来帮助蚕宝宝

观察图片，查找相关资料，让我们一起来完善"养蚕小贴士"吧！

蚕宝宝"变形记"

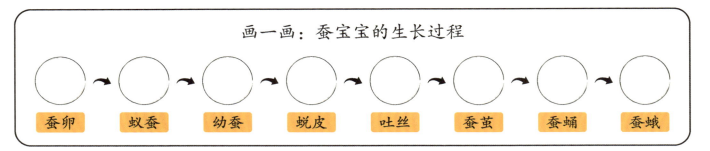

画一画：蚕宝宝的生长过程

蚕卵 → 蚁蚕 → 幼蚕 → 蜕皮 → 吐丝 → 蚕茧 → 蚕蛹 → 蚕蛾

我的养蚕日记

饲养天数	观察日期	外观变化		喂养食物	食物数量	进程（有则画"√"）			
		体长	颜色变化			蜕皮	吐丝	结茧	其他
1	5月2日	0.1mm	黑色	桑叶	一片				

坚持观察和记录，你会发现蚕宝宝的生长过程是多么神奇啊！

蚕宝宝吃桑叶

蚕宝宝最喜欢吃桑叶,快通过你的表现为蚕宝宝采到更多的桑叶,让它们快快长大!(文末附贴纸)

蚕的一生

	我帮蚕宝宝采桑叶		
1	我能通过多种途径查找资料,了解蚕的相关信息,并完整记录,图文并茂 🍃🍃🍃	我能查找资料了解蚕的相关信息,并完整记录,图文并茂 🍃🍃	我能查找蚕的资料,能简单记录 🍃
2	我能运用多种形式持续观察、记录蚕的生长过程 🍃🍃🍃	我能持续观察、记录蚕的生长过程 🍃🍃	我能偶尔观察,进行简单记录 🍃
3	面对养蚕过程中的困难,我能积极想对策解决,直到找到解决办法 🍃🍃🍃	面对养蚕过程中的困难,我在家长的帮助下尝试解决 🍃🍃	面对养蚕过程中的困难,我愿意尝试,但是找不到解决的办法 🍃

亲子进阶营

有意愿 + 有行动 + 能持续 = 坚持的能量

玩具是孩子成长过程中的好伙伴。在整理玩具的过程中，从激发意愿到采取行动，让玩具"各守其家"，在动态记录中，帮助玩具伙伴守住家，一起来行动吧！

1 小采访：玩具伙伴为什么在哭？

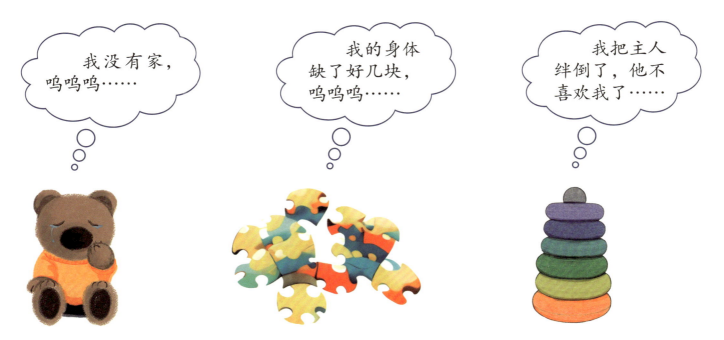

我没有家，呜呜呜……

我的身体缺了好几块，呜呜呜……

我把主人绊倒了，他不喜欢我了……

藏在生活里的品格密码：坚持品格

想一想，还有哪些玩具在伤心，它们伤心的原因是什么？和爸爸妈妈讨论一下，写在左边的方框和云朵框里。

2 大动员：玩具伙伴怎么回家？

随着小主人的成长，有些玩具不再被需要了，就要帮它找到合适的新家；对于需要的玩具，要分类整理，合适放置；玩具一次难以整理完，那就和爸爸妈妈制订一个"整理玩具周计划"吧！

（1）找到合适的家。

小主人，你有好久没有理我了，上次我把你绊倒了，你是不是不喜欢我了……

小套圈，我小时候很喜欢你，现在我长大了，我把你送给喜欢你的新主人好吗？

好啊，我会和新的小主人玩得开心的。

小博士提醒：

随着小主人的成长，有些玩具小伙伴不再被需要了，我们可以给它们找到合适的新家。爸爸妈妈准备一个收纳篮，把它们装进去吧！

（2）找到兄弟姐妹。

小主人，我没有家，我和兄弟姐妹都分开了……

对不起，小熊，我来帮你找到你的兄弟姐妹。

小行，我们一起帮小熊找兄弟姐妹吧。

藏在生活里的品格密码：坚持品格

玩具的
兄弟姐妹 { 毛绒玩具
积木拼图类
运动类
_____
_____

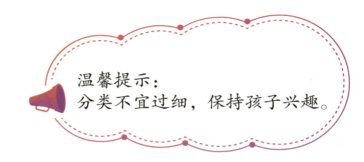

温馨提示：
分类不宜过细，保持孩子兴趣。

（3）排队慢回家。

小主人，我们拼图类的零件太多了……

是啊，我一下子理不完……

小博士提醒：
玩具分好类之后，一时整理不完，可以和爸爸妈妈列一个"玩具周计划"，安排每天要整理的玩具类别。

整理玩具周计划

	要整理的玩具
周一	
周二	
周三	
周四	
周五	

3 勤记录：玩具伙伴守住家了吗？

今天，你的玩具伙伴都到家后，在表格中画个笑脸吧！

	星期一	星期二	星期三	星期四	星期五	星期六	星期日
第一周							
第二周							
第三周							
第四周							

藏在生活里的品格密码：坚持品格

玩具充电站

为你的玩具伙伴充充电吧，涂上相应格数的能量框。

	评价标准		
	5 格能量	3 格能量	0 格能量
有意愿	我愿意理玩具	在家人的帮助下我明白了要理玩具	我不太愿意理玩具
有行动	我会有效清理不需要的玩具	我能在家人的帮助下清理不需要的玩具	我会舍不得处理玩具
	我会合理分类玩具	我能在家人的帮助下分类玩具	我不太会分类玩具
	我能有计划地理玩具	我能在家人的督促下理玩具	我喜欢随意地理玩具
能持续	我能保持连续四周玩具归位	我能保持两到三周玩具归位	我能保持一周内玩具归位

亲子进阶营

如何让孩子能够坚持做到自己洗头呢?我们可以借鉴这个思路:

认同感 + 执行力 + 效能感 → 坚持能量

爸爸妈妈要聆听孩子内心的想法,从孩子的视角看待问题,让孩子产生认同感,提升行动力,增强效能感。这样,孩子才能不断积累能量,最终真正养成坚持的品格。

Step 1　提升认同感:从"不要洗"到"我要洗"

> 头皮和其他部分的皮肤一样,需要定期清洗。洗头时,能够将头皮上的代谢物、污渍等清洗干净,使头发保持清爽,有利于身体健康。
>
> 设想一下,如果长时间不洗头,会怎么样呢?

和爸爸妈妈讨论后,孩子应该知道了长时间不洗头不仅对身体健康有害,还会产生难闻的气味,影响个人形象。如果孩子还不愿意自己洗头,背后可能有许多原因。

Step 2　提高执行力：从"我不会"到"我能行"

 泡泡来排队

洗头发一共分为六步。下面每个小泡泡上都有提示，请你给它们排排序吧！

1. 用指腹揉搓头皮，轻轻搓洗头发。
2. 用毛巾擦干头发，再用吹风机吹干。
3. 准备好梳子、洗发水和毛巾。
4. 淋湿头发，涂抹洗发水。
5. 清洗头发上的泡沫，有必要的话，可以再洗一次。
6. 将头发梳顺，不打结。

我的排序是：_____

参考答案： 3　6　4　1　5　2

藏在生活里的品格密码：坚持品格

 妙招百宝箱

在洗头的时候，你遇到过哪些麻烦呢？看看百宝箱里有哪些工具可以帮助你，请圈出来。

隔水帽
（戴上隔水帽，洗发时能避免水进眼睛）

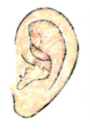

防水耳贴
（洗发前，把防水耳贴贴在两耳外侧，可以有效隔水）

吹风机支架
（吹风机固定在墙壁上，吹头发更方便）

干发帽
（洗发后戴好干发帽，可以让头发干得更快）

Step3　增强效能感：从"我会做"到"我爱做"

爸爸妈妈引导孩子克服恐惧与担心，学会洗头的步骤和妙招，相信成功后你们一定非常开心，快来记录下你们的微笑吧！

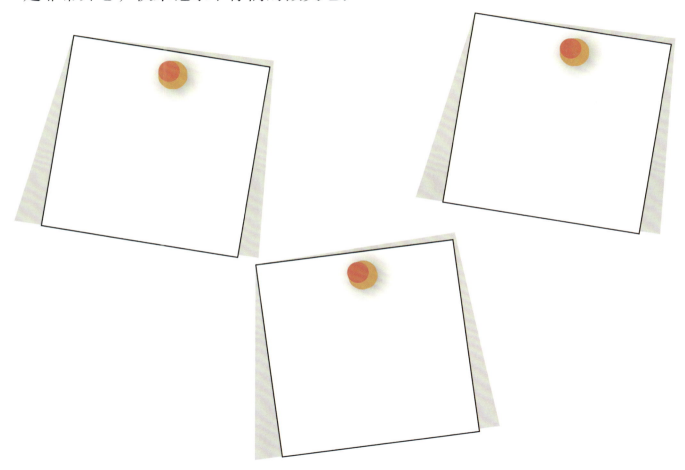

能量泡泡球

亲爱的家长和小朋友,将你们获得的能量泡泡放进瓶子里吧!(文末附泡泡球贴纸)

成长目标	评价表	
多了解 能认同	不太了解洗头的重要性(1颗泡泡球) 了解洗头的重要性(2颗泡泡球) 熟知洗头的重要性(3颗泡泡球)	
学方法 会实践	知道洗头的方法(1颗泡泡球) 学会洗头的方法(2颗泡泡球) 熟练掌握洗头方法(3颗泡泡球)	
乐行动 能坚持	每周坚持洗头至少一次(1颗泡泡球) 每月都能主动自己洗头(2颗泡泡球) 每次有需要时都能自己洗头(3颗泡泡球)	

亲子进阶营

"有的放矢"三步走

家长可以多多鼓励孩子学会自主管理,减少对父母的依赖。尝试以下三步,在"有话好好说""用眼仔细学""上心认真做"的过程中,一起和"在逃"作业君说再见吧!

第一步:有话好好说

家长对孩子说的每一句话,都能带来不同的效果,产生不同的能量。请家长比较以下两种表达方式所产生的效果,观察孩子听了以后,分别是什么样的表情呢?(在表情框里选一选吧!)

✘ 负能量的语言:
天天给你送作业,为你操碎了心,就不能让大人省点心吗!

✓ 正能量的语言:
宝贝,你已经长大了,很多事情可以自己做,不用妈妈代劳。比如今晚你可以自己收拾书包,检查所有作业都带齐了吗?

如果家长只是没头没脑地唠叨一番,只能把负能量和坏情绪传递给孩子,孩子却一头雾水,根本不知道家长的指责从何而来。我们可以用指导性的话语,让他们认识到自己到底应该怎么做才是对的。

第二步：用眼仔细学

认识到问题所在，接下来我们要落实在行动上。这时候拿出"秘密武器"——父母的亲身经验，作为孩子的学习对象，让他们从中习得好做法。

|妈妈的超级整理术| |父子整理比赛|

【小提示】向妈妈请教三条整理秘诀，用画画或写字的方式记下来。

【小提示】左边贴爸爸整理的作业照片；右边贴孩子整理的作业照片。

"想一想：下一次，怎么样整理得更好呢？"

"比一比：孩子和爸爸整理的有什么不同？"

父母以身作则，创建有序的家庭生活环境，和孩子共同维护。如此一来，习惯了井井有条，孩子就不容易变"马大哈"了。同时，可以让孩子多做一些精细和对比训练，比如"找不同"，在实际操作中锻炼孩子关注细节的能力，并一点点提高认知和视觉辨别能力，从而达到改变粗心的目的。

第三步：上心认真做

在行动上有了方向，要把好习惯保持下去，我们可以借助一个很好用的工具——清单记录本。

✓ 如果孩子到学校后，不是忘记了拿作业本就是忘记了拿铅笔，那么家长可以教孩子列一个**整理书包清单**，每次写完作业后就按照清单上列出来的一项一项装进书包。

✓ 如果孩子在学校里不是丢铅笔，就是丢橡皮，那么家长可以和孩子一起列一个**文具盒清单**，每次下课后都让孩子对照清单检查一下自己的文具盒，以确保每一样东西都在文具盒里。

✓ 如果孩子出门后不是忘记拿水杯，就是忘记戴红领巾，总要返回家去拿，那么家长可以让孩子自己列一个**出门清单**，每次出门前对照清单检查一下自己要带的东西。

相信孩子的能力，才能让孩子调动思维和四肢，自己去管理。家长只要发现孩子的一点点进步，就要多鼓励，由辅助到放手。孩子从被动到主动，只要长期坚持下来，丢三落四的毛病肯定会得到改善，并从中认识到坚持的可贵、劳动的收获。

九、开"整"吧！"在逃"作业君

"坚持号"动力火车

小朋友，根据你自己的表现，在时速表盘里涂上相应的颜色，让自己的"坚持号"火车动力满满，向前冲刺吧！

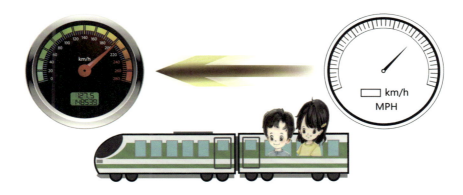

前进目标	动力标准		
	2格动力	1格动力	0格动力
有话好好说	在家人的鼓励下，我愿意主动学习整理作业	在家人的鼓励下，我知道了整理作业的重要性	我不太愿意整理作业
用眼仔细学	我会学习家人的整理秘诀，并为自己所用	在家人的帮助下，我会记下家人的整理秘诀	我没学到家人的整理秘诀
	我关注细节，高效整理作业	我会比较有效地整理作业	我大致上能整理好作业
上心认真做	利用清单，我能保持四周作业整理到位	利用清单，我能保持两到三周作业整理到位	利用清单，我能保持一周内作业整理到位

十、成长"菇"事

亲子进阶营

生长吧，蘑菇君！

把种植蘑菇当成一次冒险闯关游戏吧！在想办法解决困难和落实养护计划的过程中，感受劳动乐趣，锻炼劳动能力，培养坚持品格，让孩子和蘑菇君一起成长。

第一关：解密小能手

线索小调查 认真阅读说明书，让孩子找一找藏在里面的种植秘密吧！

| 保湿出菇法1 | 适用于平菇、灰姬菇、玉黄菇、茶树菇、秀珍菇、猴头菇。 |

① 划十字口，位置随意。

② 盖上湿毛巾，保持湿润。

③ 长到2厘米后拿掉毛巾，每天喷水。

| 保湿出菇法2 | 适用于平菇、金针菇、杏鲍菇、茶树菇。 |

① 打开种植包封口处。

② 在开头处盖上湿毛巾或喷水保持湿润。

③ 长到2厘米后拿掉毛巾，每天喷水。

藏在生活里的品格密码：坚持品格

土培种植 除金针菇和木耳外，其他蘑菇都可以使用土培种植。

① 包装袋全部剥开摆放到深一点的花盆里。
② 覆盖1至2厘米半湿营养土或者普通土，每天喷水2次。

现在，你知道了几种种植蘑菇的方法？你对哪种更感兴趣呢？

细节放大镜 看看种植蘑菇还有哪些重要细节？

湿度　　光线条件

工具小超市 你会准备哪些物品呢？圈一圈吧。

第二关：进击小勇士

种植蘑菇可能会遇到一些小难关，相信闯关小勇士不会放弃。尝试用各种方法来解决困难，也是一种坚持。爸爸妈妈一起来帮忙，让我们一起来挑战难关。

我种的金针菇要在黑暗的环境下才能生长，这该怎么办呢？

我来帮你找一块深色的布，盖上就可以。

家里有空置的柜子，把菌菇包放进去，关上柜门试一试。

我遇到的小难题

1. 每次喷多少水呢？
2. 为什么蘑菇一直不发芽？

_____
_____
_____

试试这几条锦囊妙计吧！

向他人请教；
网上搜索；
联系卖家；
尝试自己解决。

第三关：坚持小达人

> 我们生长的过程中要一直保持湿润，需要定时把毛巾打湿，或是用喷壶喷水。一旦缺水，我们的生长也会受影响，严重的话，我们还会枯萎。

为了小蘑菇的健康生长，我们要持续关注蘑菇的情况，及时浇水。为了避免忘记，你可以设置好定时闹钟，提醒自己。每天检查浇水后，填写种植日志，记录自己坚持的足迹。

种植日志

1 种植日	2	3	4 你真棒！	5	6	7 太厉害了！
8	9	10	11	12 真了不起！	13	14
15	16	17 好样的！	18	19	20	21 为坚持的你点赞！

从种植第一天开始，每天照料蘑菇之后，就在空格里涂上喜欢的颜色吧！

十、成长"菇"事

成长大冒险

❖ **获取成就勋章** 每得到一枚勋章,就用彩笔给小蘑菇涂上喜欢的颜色吧!

第一次种植

第一次喷水

第一次发芽

第一次采摘

❖ **蘑菇勇士历险记** 跟着小蘑菇的指引,一起去探险吧!

每获得一个蘑菇就可以前进一格(文末有贴纸)。赶快试一试,看看自己能不能到达终点!

我来"采蘑菇"

获得蘑菇数	🍄	🍄🍄	🍄🍄🍄
1	我能读完说明书,知道种植的方法	我能读完说明书,并选择适当的工具	我能仔细阅读说明书,注意种植的细节,选择合适的工具
2	遇到难题时,我会想办法解决	遇到困难时,我会主动思考解决办法	遇到困难时,我会大胆尝试不同的解决方法
3	在家长提醒下,我能给蘑菇喷水	我会主动给蘑菇喷水,一周不少于五次	我能每天根据蘑菇的生长情况,适量喷水

坚持品格总评

点亮"坚持全宇宙"

小朋友,坚持是一片浩瀚无垠的宇宙,每一次挑战,都能点亮其中的一颗星球,让我们变得更加强大、智慧和完整。在书末找到贴纸,每个挑战达标后,贴上一颗星球,定位在你的"坚持星系"中。集齐十颗星球,就能点亮属于自己的"坚持全宇宙"!

心田里的春雨——品格教育的生命力量

在这本书的最后，我们想用一颗感恩的心，为这段旅程画上句号。这不仅是一本书的完成，更是一段心灵的旅行，背后承载着无数人的智慧与心血。

这本《藏在生活里的品格密码》的诞生，离不开上海市班主任带头人冯志兰工作室、闵行区冯志兰名师基地以及莘庄镇冯志兰名师工作室所有老师的共同努力。同时也特别鸣谢上海市班主任带头人冯志兰工作室所在学校——闵行区莘庄镇小学给予的支持。它们是思想的火花碰撞的场所，是教育理念与时俱进的见证，更是品格教育实践研究的前沿阵地。

此外，我们要向所有为本书倾注心血的团队成员致以最深切的敬意。编写团队丁冰洁、雷文静、韩留娟、曾艳、魏亚星以及绘图团队王佳洁、苏超明、王欣、方园、吴政彤、刘乐语、徐茵洁，你们的才华与努力，跃然纸上，充满生命力。你们不仅是知识的传递者，更是美好品格的播种者，你们用爱与智慧引领孩子们的成长之路。

我们携手并肩，面对挑战，共享喜悦。每一次思想的碰撞，都如同星辰汇聚，点亮了品格教育的星空。本书是我们共同智慧的结晶，见证了品格教育如何如细雨般滋养心灵，于无声处塑造灵魂。

我们期望，通过这本书，家长与孩子能够携手漫步于品格的花园，让优秀品格成为生活的基石，让爱与智慧在家庭中生根发芽，绽放出最灿烂的花朵。

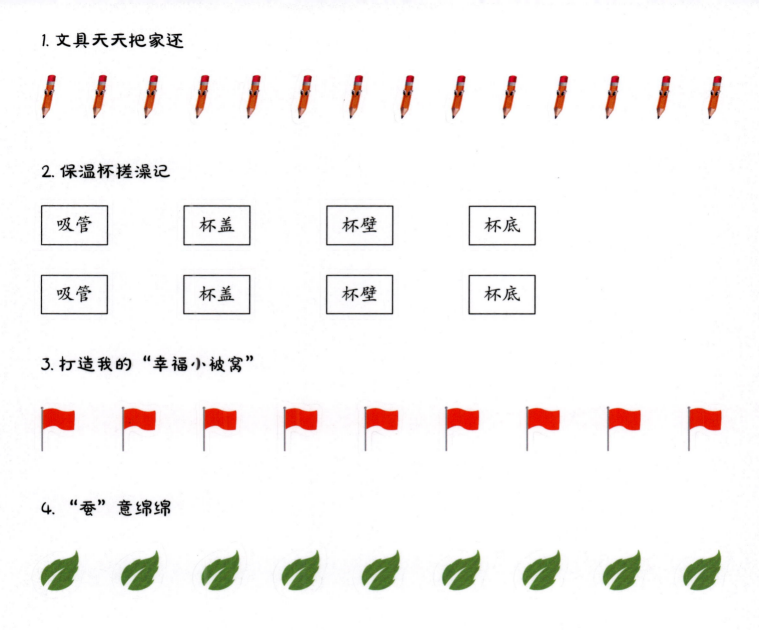

5. "发"现美好

6. 成长"菇"事

7. 坚持品格总评

藏在生活里的品格密码

合作品格

上海市班主任带头人冯志兰工作室　编

上海交通大学出版社
SHANGHAI JIAO TONG UNIVERSITY PRESS

内容提要

　　本书是一本旨在培养孩子美好品格的指南。全书按品格种类分为五册，分别是有序品格、坚持品格、合作品格、创新品格、感恩品格。每种品格内容根据孩子的成长进阶，难度升级，当孩子掌握这五种品格以后，相信已经成长为一个具备美好品格的好孩子了！本书以家庭活动为背景，围绕主人公闵小行和他的爸爸、妈妈、爷爷、奶奶以及妹妹闵小思之间的故事展开。本书内容翔实，图文并茂，适合父母和孩子共同阅读。

　　本册主题为"合作品格"。

图书在版编目（CIP）数据

　　藏在生活里的品格密码. 合作品格 / 上海市班主任带头人冯志兰工作室编. — 上海：上海交通大学出版社，2024.10　— ISBN 978-7-313-31044-6

　　Ⅰ. D432.62

　　中国国家版本馆CIP数据核字第2024BX5665号

藏在生活里的品格密码：合作品格
CANG ZAI SHENGHUO LI DE PINGE MIMA: HEZUO PINGE

编　　者：上海市班主任带头人冯志兰工作室	
出版发行：上海交通大学出版社	地　　址：上海市番禺路951号
邮政编码：200030	电　　话：021-64071208
印　　制：上海文浩包装科技有限公司	经　　销：全国新华书店
开　　本：889mm×1194mm　1/24	印　　张：2.75
字　　数：48千字	
版　　次：2024年10月第1版	印　　次：2024年10月第1次印刷
书　　号：ISBN 978-7-313-31044-6	
定　　价：98.00元（全5册）	

版权所有　侵权必究

告读者：如发现本书有印装质量问题请与印刷厂质量科联系

联系电话：021-57480129

我想告诉你，这是一本怎样的书

亲爱的家长朋友：

当您手中拿起这套《藏在生活里的品格密码》，相信您已经迈出了培养孩子美好品格的第一步。在您面前的不仅仅是一本书，更是一份家庭教育的"旅行指南"，一个亲子共同成长的快乐宝盒。这里不会有高深莫测的理论，也不会有冗长乏味的讲解，有的只是那些藏于日常生活之中的教育智慧和温情瞬间。

我们希望这本书能成为您的贴心伴侣，带您走进孩子的世界；同时也让您的孩子跟随书中的品格密码，慢慢理解什么是有序、坚持、合作、创新与感恩。我们鼓励您带着孩子一起阅读，让每一个真实的情境，成为你们之间亲子交流的契机。

更为特别的是，本书还邀请您和孩子一同创造一本属于你们的亲子品格成长手账。在这个过程中，你们的每一次互动、每一份评价、每一刻温馨的感受都将被记录，编织成一份份珍贵的记忆。这本手账将是你们共同努力的成果，也是孩子品格成长的见证。

请您以一种轻松愉悦的心情翻开这本书，就像和一个老朋友聊天一样，不要有压力，只需享受与孩子互动的乐趣。我们相信，通过这一次次的亲子之"旅"，您将找到引导孩子成长为拥有有序、坚持、合作、创新、感恩等品格的关键。

愿您和孩子在这段"旅程"中，收获爱与智慧，共同成长，让品格教育成为生活中最美好的礼物。快来享受这场与孩子的心灵之旅吧！

祝您阅读愉快！

上海市班主任带头人冯志兰工作室全体成员

合作品格

"嗨,我们又见面了,有什么我能帮助您的吗?"AI智能机器人问道。"请帮我制订暑假去北京旅行的计划。"闵小行答。"好的,没有问题,请稍等!"不到一分钟的时间,AI就生成了一份详细的计划。闵小行觉得制订计划是一件非常简单的事。

各位亲爱的家长,人工智能技术不断发展,给我们的生活带来各种便利。同时,您可能会担心,孩子会独立思考吗?他可以与同伴一起完成任务吗?他会处理好人际关系吗?他知道怎样合作才最有效率吗?……其实,我们可以适当运用技术,但仍然要培养孩子在人际交往中的合作品格。本书围绕"合作五要素"——共同完成一项任务、彼此信任能做好、根据优势合理分工、共担责任不指责、一起感受成果喜悦,在真实的生活情境中,让孩子感受到合作的魅力,学会合作。还等什么,让我们开启养成"合作品格"的奇妙之旅吧!

目录

一　让寿司卷起来 …………………………………………… 1

二　洗晒收，合作"一条龙" ………………………………… 6

三　"番茄君"成长记 ……………………………………… 11

四　快乐小掌柜 ……………………………………………… 17

五　"游"理"游"据 ……………………………………… 24

六　"队队"碰 ……………………………………………… 29

七　超市淘宝记 ……………………………………………… 34

八　魔法大变身 ……………………………………………… 39

九　假期玩伴团 ……………………………………………… 45

十　心动不如行动 …………………………………………… 50

合作品格总评 ………………………………………………… 56

后记 …………………………………………………………… 57

人物介绍

亲子进阶营

寿司卷一卷

　　家长要避免在孩子操作过程中，不停地提醒他们小心这里、注意那里，这会剥夺他们独立自主的感觉。家长首先要建立对孩子的信任，退出包办，让孩子觉得自己可以做到。安全和监管固然是第一位，但可以在此基础上帮助孩子认清优势，合理承担责任。遇到问题，不指责，一起享受劳动带来的喜悦，会有意想不到的收获哦。

阶段一：退出包办，建立信任

我来切食材！

小心切到手，我来吧！

　　信任是合作的基础。应先为孩子提供方法指导，再让孩子尝试。当孩子这样说时，大人可以怎样回应呢？

阶段二：认清优势，合理分工

在劳动中，可以根据劳动内容的不同阶段，划分环节，根据不同环节所需的能力，对自我和合作伙伴的优劣势进行分析，从而选择自己擅长的部分。

想想你的优劣势，选选可以做什么。

劳动环节	所需能力
铺米饭	耐心足
放食材	方法巧
卷寿司	用力匀

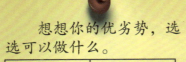 遇到其他事情，也可以这样分析一下哦。

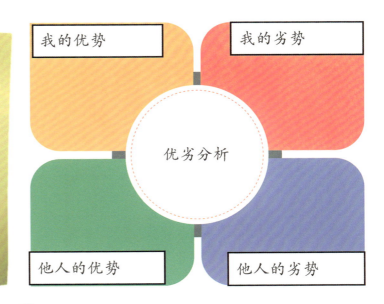

阶段三：共担责任，享受喜悦

在劳动的过程中，如果孩子出现做不好或做错的情况，家长应和孩子共同承担，不指责，想办法解决问题，并与孩子一起分享成功的喜悦。

当我失败时，我可以怎样做？
1. 不发脾气。
2. 及时请教。
3. 静心再做。
4. _____
5. _____

当孩子做不好时，我可以怎样做？
1. 不指责。
2. 提供指导。
3. 及时表扬。
4. _____
5. _____

亲子评一评

亲爱的孩子,在合作的过程中,你以下方面的表现如何?快来勾一勾、评一评吧!

评价内容	我做不到	我偶尔能做到	我做到了
我能勇敢表达自己做寿司的想法			
我能倾听家人意见			
我能清楚自己的优势和他人的优势,根据优势选择任务			
做的过程中遇到困难,积极思考后寻求合作			
感受合作卷寿司带来的喜悦和成果			

亲爱的家长,在合作的过程中,你以下方面的表现如何?快来勾一勾、评一评吧!

评价内容	我做不到	我偶尔能做到	我做到了
信任孩子能把寿司做好			
为促成合作提供经验或方法			
及时在劳动中给予孩子肯定或表扬			
劳动时,适时关注孩子的劳动安全			
感受合作卷寿司带来的喜悦和成果			

亲子进阶营

我们可以这样做

家长不能一边抱怨家务多，一边不给孩子劳动的机会，从而造成孩子缺乏同理心、责任感。家长应该积极引导孩子感受合作的力量，学会分析各自优势，扬长避短，为合作赋能。

感受合作之"力"

1. 交流学校中观察到的合作带来的快乐。
2. 交流生活中观察到的合作带来的快乐。
3. 总结以上印象深刻的事例打印或绘制图片，写上自己的感受或引用合作名人名言，体会合作的力量与魅力。

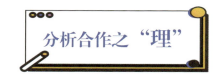

分析合作之"理"

开个"家庭圆桌会议"吧！各抒己见，一起讨论一下各自在"洗晒收"衣服过程中承担的角色吧！

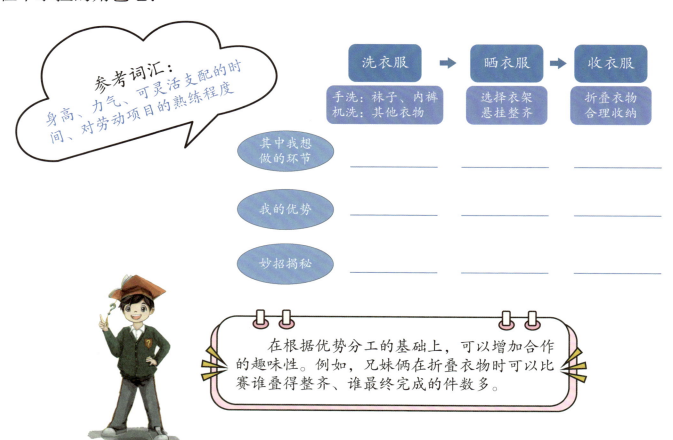

参考词汇：身高、力气、可灵活支配的时间、对劳动项目的熟练程度

洗衣服 → 晒衣服 → 收衣服

手洗：袜子、内裤
机洗：其他衣物

选择衣架
悬挂整齐

折叠衣物
合理收纳

其中我想做的环节 _____

我的优势 _____

妙招揭秘 _____

在根据优势分工的基础上，可以增加合作的趣味性。例如，兄妹俩在折叠衣物时可以比赛谁叠得整齐、谁最终完成的件数多。

二、洗晒收，合作"一条龙"

赋予合作之"能"

向谁学习：

亲爱的孩子们：
我们在合作过程中，不仅要善于识别发现彼此已有的优势，也可以向他人学习，通过训练，获得新的优势。

变身秘籍

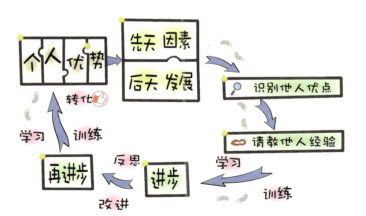

我的变身计划

亲子晾衣架

亲爱的孩子们,你们在合作劳动中的表现如何?快来圈一圈吧!

- 我能在他人的提醒下发现生活中的合作之美。
- 我能自主发现生活中的合作之美。
- 我经常能发现生活中的合作之美。
- 我能在他人帮助下找到自己的优势。
- 我能够自主发现自己的优势。
- 我能够自主发现自己和他人的优势。
- 我能够根据自身优势完成分内任务。
- 我能够根据自身优势在合作中取长补短,学习新技能。
- 我能够根据自身优势在合作中取长补短,学习并掌握新技能。

藏在生活里的品格密码：合作品格

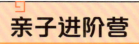

一起来种番茄吧

"种番茄"这项生产性劳动从学校延伸到家庭，符合孩子乐于探索、乐于劳动、乐于亲近大自然的现实需要。在种植过程中，家长可以引导孩子一起制订目标、分工合作领任务、遇难题合作解决、体验亲子合作劳动的乐趣等。

 第一步：番茄耕耘期——亲子合作订目标

> 小博士：番茄喜光照，适宜春季栽培，从栽培到收获一般需要8周左右。种植前，家长可以和孩子一起合作制订目标。

时间	目标	具体操作	难易度参考
第1天	选苗、种植	选择有七八片叶子，茎粗壮、结实的番茄苗，种入装有土的盆中	🍅🍅
1周后	去侧芽	选择晴天，将叶子根部的小芽掰掉，将侧芽去掉，留下主枝	🍅🍅
3周后	立杆绑枝	选取一根70厘米左右的支杆，插入土中，注意不要伤到根部，用绳子与茎部轻轻捆绑起来	🍅🍅🍅
结出第一个果实后	施肥	第一个果实大约长到手指大小时，施肥10克，与土混合，以后每隔2周施肥1次	🍅
8周左右	采摘	番茄红了之后从蒂部上端的茎处剪断	🍅

第二步：番茄生长期——分工合作领任务

小博士：前期亲子合作制订好目标后，哪些任务适合孩子独立完成？哪些可以亲子共同完成？家庭成员可以根据难易度，分工认领任务。

时间	任务	难易度	家庭成员分工
第1天	选苗、种植	🍅🍅	
1周后	去侧芽	🍅🍅	
3周后	立杆绑枝	🍅🍅🍅	
结出第一个果实后	施肥	🍅	
8周左右	采摘	🍅	

小博士：当发现弯曲严重、无法直立起来的番茄植株，就需要立杆绑枝了。不会绑枝怎么办？没关系，跟我来学一学小妙招吧！

藏在生活里的品格密码：合作品格

立杆绑枝"三步法"

① 定位置。　② 插杆子。　③ 绑绳子。

立杆绑枝小妙招

（1）"8字交叉法"：在距离根部5—10厘米的地方插下一根竹竿；在距离主枝根部10厘米处，用绳子在竹竿和主枝之间交叉绑，形成一个数字8的样子。

（2）"8字变形法"：在距离根部5—10厘米的地方插下一根竹竿；在距离主枝根部10厘米处，用绳子打结固定在竹竿上，再将主枝绑起来，一大一小两个圈组成一个变形的数字8，可以根据植株的高度选择绑几个位置。

小博士：种植过程中难免会遇到困难，我们可以想办法，和家人一起合作来解决哦！你遇到了哪些困难？是如何解决的呢？

遇到的困难

? 一个人无法完成为番茄绑枝。

?

?

解决的方法

😊 和家人合作完成，一人扶番茄枝，一人用绳子绑枝。

😊

😊

第三步：番茄结果期——分享成果喜悦

番茄收获园

我在种番茄的过程中学会了合作,我能对合作劳动进行评价,也可以让家长来评价哦!完成评价后,可以画上 🍅 ,期待硕果累累的番茄收获园。

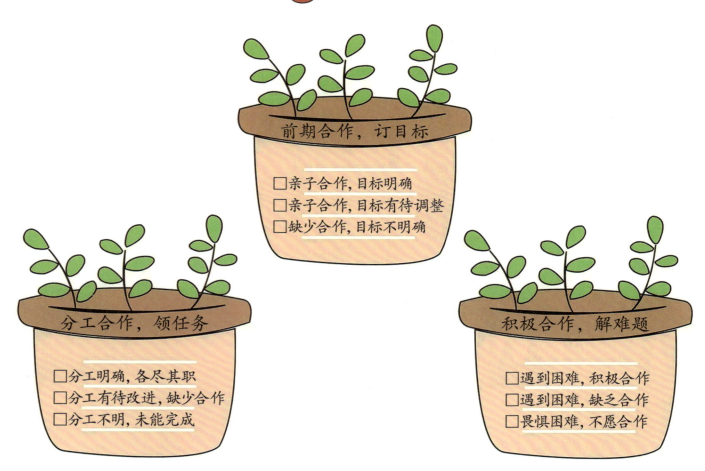

前期合作,订目标
- ☐ 亲子合作,目标明确
- ☐ 亲子合作,目标有待调整
- ☐ 缺少合作,目标不明确

分工合作,领任务
- ☐ 分工明确,各尽其职
- ☐ 分工有待改进,缺少合作
- ☐ 分工不明,未能完成

积极合作,解难题
- ☐ 遇到困难,积极合作
- ☐ 遇到困难,缺乏合作
- ☐ 畏惧困难,不愿合作

亲子进阶营

爱心义卖我能行

爱心义卖，以爱之名，温暖"童"行，是孩子参与社会公益事业献爱心的一种体现。在爱心义卖的实践和探究的过程中，家长和孩子可以商议制订义卖计划，根据优势合理分工，亲子合作共同完成这项任务。

第一步：亲子商议，制订计划

义卖前，家长和孩子可以一起商量，合作制订义卖计划，也可以用思维导图的形式呈现哦！

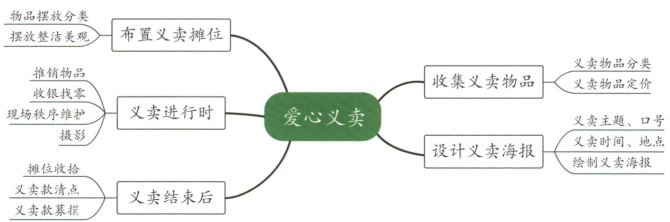

温馨提示：
　　当亲子商量遇到意见分歧时，不妨听一听对方的意见，认真倾听，及时补充。

爱心义卖计划

第二步：分析优势，合理分工

　　　　了解自己的优势，选择能胜任的任务。你觉得自己适合负责哪几项任务呢？请你填一填。

藏在生活里的品格密码：合作品格

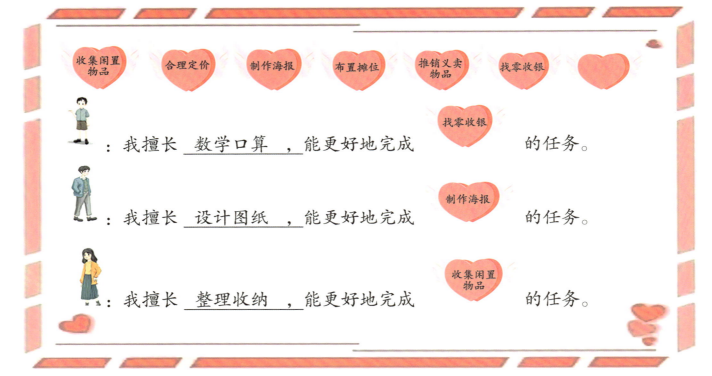

温馨提示：无法独立完成的任务，我们还可以选择亲子合作完成哦！

孩子：我擅长_____，能更好地完成 的任务。

爸爸：我擅长_____，能更好地完成 的任务。

妈妈：我擅长_____，能更好地完成 的任务。

亲子完成：孩子擅长_____，爸爸/妈妈擅长_____，我们能合作，更好地完成   的任务。

第三步：根据任务，调整分工

咦？我现在还是不知道具体该做什么、怎么做。

别急，你可以尝试这样分步骤做！

任务	负责人	步骤1	步骤2	步骤3	截止日期	验收员
收集物品	孩子、妈妈	把所有物品收集到指定位置	按照物品种类进行分类	把分号类的物品装袋，贴上物品种类标签	3天内	爸爸
合理定价		参考原来的价格	根据新旧程度定价	贴上价格标签		
制作海报						

温馨提示：遇到困难，不要着急，可以尝试像这样分步骤完成，也可以和家人商量，亲子合作化解难题！

亲子齐闯关

小朋友，相信爱心义卖活动难不倒你！请你来闯闯关，获得更多的合作币💲！让我们行动起来，让爱不闲置，一起做个"快乐小掌柜"，用你的爱心帮助更多的人吧！

四、快乐小掌柜

（获得7个以上合作币就能当个"快乐小掌柜"哦！）

第一关：亲子合作，制订目标
- 💰💰💰 亲子合作，目标明确
- 💰💰 亲子合作，目标有待调整
- 💰 缺少合作，目标不明确

第二关：共同商议，合理分工
- 💰💰💰 能根据自身优势进行分工
- 💰💰 能听从大人安排进行分工
- 💰 不与大人商议，分工不明

第三关：遇到困难，合作解决
- 💰💰💰 遇到困难，能合作分步骤完成
- 💰💰 遇到困难，缺乏合作
- 💰 畏惧困难，不愿合作

五、"游"理"游"据

亲子进阶营

我们的旅游计划

孩子是家庭成员中的一分子，参与旅行计划的制订会大大提升孩子对这趟旅行的期待感。家长不妨和孩子合作，共同完成，拉近亲子关系。

小贴士

当想法有分歧时，您不妨和孩子合作完成。

闵小行一家计划一起出游，您觉得以下准备工作哪些适合孩子做，哪些适合家长做，哪些可以亲子共同完成呢？请您和孩子各自连一连吧。

家长版

孩子　　家长　　合作完成

孩子版

孩子　　家长　　合作完成

我们的旅行计划

和爸爸妈妈讨论后，认领各自的任务吧，加油！

任务	负责人	独立完成	指导下完成
预订酒店			
订车票/机票			
查天气			
查当地美食			
查当地景点			

接下来该填写旅行计划了。由家长负责的部分请用**黑色**水笔填写，由孩子负责的部分用**铅笔**填写，合作完成的部分用**蓝色**水笔填写。

旅 游 计 划

日期	
天气	
入住酒店	
打卡美食	
打卡景点	
小贴士	

日期	
天气	
入住酒店	
打卡美食	
打卡景点	
小贴士	

日期	
天气	
入住酒店	
打卡美食	
打卡景点	
小贴士	

日期	
天气	
入住酒店	
打卡美食	
打卡景点	
小贴士	

计划我来评

制订旅行计划可不是一件容易的事，但只要你发挥自己的能力，愿意尝试，和爸爸妈妈合作，一定能贡献自己的一份力量，赶紧来评价一下自己吧！

A 我能根据自己的能力选出3项及以上合适的任务，并顺利完成，和父母合作完成旅行计划的制订。

B 我能根据自己的能力选出1-2项合适的任务，并顺利完成，和父母合作完成旅行计划的制订。

C 我能根据自己的能力选出1-2项合适的任务，在爸爸妈妈的指导下顺利完成，和父母合作完成旅行计划的制订。

在和爸爸妈妈合作完成旅行计划的过程中，你能收获哪块路牌呢？自己评一评吧。

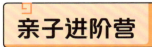

小队合作碰碰乐

暑期小队活动是孩子们走出校园、放眼看世界的大好机会。同时,也是锻炼能力、培养他们合作意识的重要途径之一。

闵小行妈妈作为一名校外辅导员,该怎么帮助自己的孩子开展小队活动呢?

第一碰：思维火花的碰撞

闵小行妈妈：假日小队组建后,首先要召开小队会,商讨活动计划。活动计划包括活动主题、活动内容、活动形式、活动分工等。

闵小行：我知道了,我要赶紧和小伙伴们商量一下啦!

小队活动方案	
活动主题	
活动地点	
活动时间	
参加人员	
活动内容	

第二碰：个人力量的碰撞

闵小行妈妈：尺有所短，寸有所长，作为一个活动主持人，你还得知道队员们都擅长些什么，尽可能地发挥每个人的长处，让大家在小队活动中都有活儿可以干。

闵小行：我明白了，我得先让伙伴们说说自己擅长什么，想做什么。

我 的 想 法

我的优势：_____

我希望在这次活动中承担这项分工：_____

我 们 的 分 工

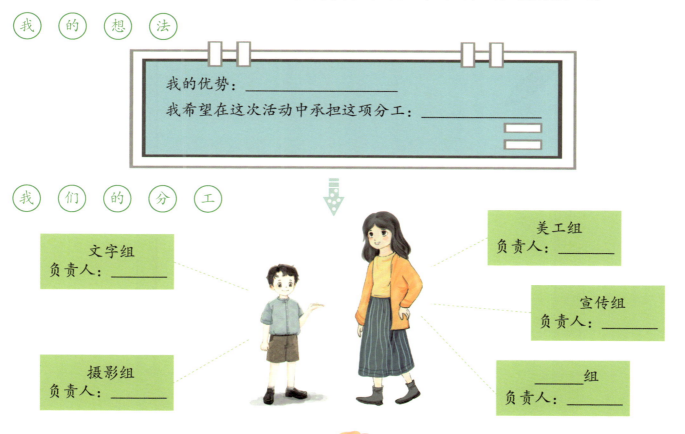

文字组
负责人：_____

摄影组
负责人：_____

美工组
负责人：_____

宣传组
负责人：_____

_____组
负责人：_____

第三碰：探究成果的碰撞

相信你已经带领伙伴们出色地完成了暑期小队活动。现在，请你将探究成果用手账的形式记录下来。

六、"队队"碰

活动小达人

在暑期小队活动中，你觉得自己的表现怎么样？赶紧评一评吧，请在方框内打"√"。

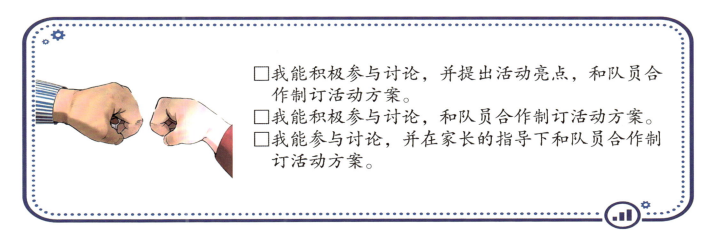

☐ 我能积极参与讨论，并提出活动亮点，和队员合作制订活动方案。
☐ 我能积极参与讨论，和队员合作制订活动方案。
☐ 我能参与讨论，并在家长的指导下和队员合作制订活动方案。

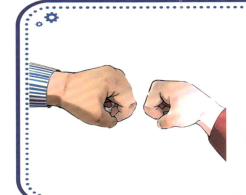

☐ 我能找到自己的优势，积极配合伙伴合作完成小队活动。
☐ 我能在伙伴的帮助下找到自己的优势，积极配合完成小队活动。
☐ 我能在伙伴的帮助下找到自己的优势，并在伙伴的帮助下完成小队活动。

七、超市淘宝记

亲子进阶营

超市购物记

利用郊游购物的实践机会，通过"倾听—表达—分享"学会如何与他人商量，以此培养孩子的合作品格。下面，我们将以闯关的形式，挑战本次活动，希望大家都能闯关成功！

关卡一：购物准备时

关卡一：**购物准备时**

玩家行动：商量制订出一份购买清单。

请你在图中用自己喜欢的形式写一写、画一画吧！

合作商量技巧：在制订购物清单时，我们可以耐心倾听家人需求，清晰表达自己观点并能够愉快分享彼此经验。

我的购物清单

藏在生活里的品格密码：合作品格

关卡二：购物进行时

哎呀！超市里有这么多种类的薯片呀，我到底该怎么选呢？

闵小行，不要着急！我们可以先听听家人的意见，确定薯片的口味、分量和品牌。也可以大胆询问导购员的建议，选择性价比最高的。

你在购物的过程中还遇到过什么问题？你又是怎么合作解决的呢？请你动手写一写、画一画吧！

遇到的困难：

关卡二：购物进行时

玩家行动：请你写一写购物中遇到的问题以及解决方法吧！

合作商量技巧：在购物时，当我们遇到困难，大家可以大胆说出自己的问题，仔细倾听他人意见，慷慨分享自己的经验，共同合作解决。

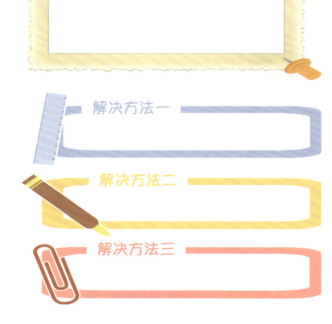

解决方法一

解决方法二

解决方法三

七、超市淘宝记

关卡三：购物完成时

关卡三：购物完成时

玩家行动：大家可以说一说购物后的收获，并夸一夸你的合作伙伴吧！

合作商量技巧：购物结束后，我们可以交流、分享购物心得，倾听感受；发现彼此优点，给予赞许和肯定；回顾反思，提出建议，增进团队合作的默契，为下次合作做准备。

我来说说我的收获……

我来夸夸闵小行……

亲子购物车

小贴士：根据"购物清单"的标准，家长和孩子一起合作完成评价，在方框中打"√"。

我的购物清单

购物准备时
- ☐ 尊重自己需求，制订购物清单。
- ☐ 结合家人需求，制订购物清单。
- ☐ 主动询问家人需求，清晰表达自己观点，合作梳理并制订购物清单。

购物进行时
- ☐ 正确面对，能说出自己的困难。
- ☐ 勇敢克服，能寻求解决办法。
- ☐ 齐心协力，能合作完成购物。

购物完成时
- ☐ 总结分享合作购物中的亮点。
- ☐ 回顾反思合作购物中的问题。
- ☐ 继续运用合作购物中的方法。

藏在生活里的品格密码：合作品格

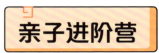

亲子进阶营

神奇的大扫除

和孩子一起合作大扫除是一项很好的家庭活动，既可以增进亲子关系，又可以培养孩子的独立性和责任感。我们通过"协商合作—分工合作—持续合作"这三步，共同完成任务，提高效率，增进家人间的互动和沟通，同时培养团队合作精神和互助精神。

 协商合作　　发挥优势　　各展其能

闵小行一家要一起打扫客厅啦！在劳动之前，我们可以先想一想自己的优势，并进行分工。这样可以让每个人都能专注于自己擅长的部分，提高工作效率。

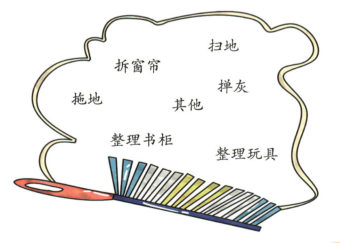

扫地　拆窗帘　掸灰　拖地　其他　整理书柜　整理玩具

哪些家务劳动适合爸爸妈妈完成？哪些可以亲子合作共同完成呢？

小朋友，请邀请爸爸妈妈一起来选一选、填一填吧！

八、魔法大变身

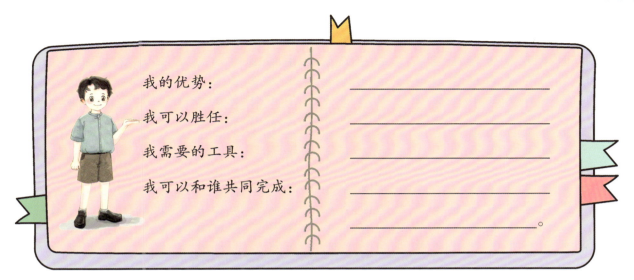

我的优势：_____

我可以胜任：_____

我需要的工具：_____

我可以和谁共同完成：_____

_____。

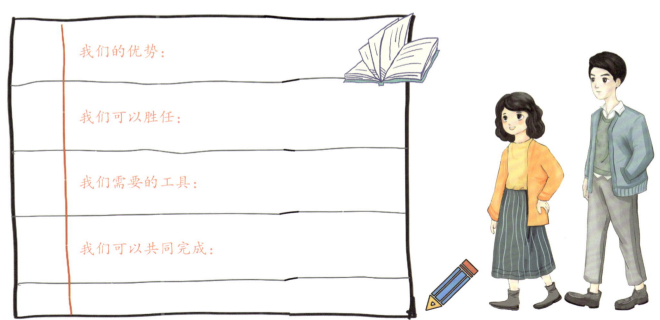

我们的优势：

我们可以胜任：

我们需要的工具：

我们可以共同完成：

藏在生活里的品格密码：合作品格

分工合作　互帮互助　各显神通

好的，爸爸，我来啦！

小行，快来帮帮爸爸！帮我扶着小板凳，我要爬高折窗帘啦！

妈妈，这些书实在太重了，我搬不动！

妈妈来帮你搬，你注意安全哦！

太棒啦！在遇到困难时，一家人可以相互帮助，共同解决问题。这样的合作不仅有助于完成家务任务，还能增进家人之间的情感联系哦。

想一想：大家在大扫除的过程中，遇到了什么困难呢？又是如何合作解决的？

八、魔法大变身

持续合作　　各司其职　　共营佳境

DIY 劳动计划转盘

① 准备硬纸壳（或卡纸）、剪刀、棉签、画笔、指针。

② 将硬纸壳剪出一个大圆盘、指针备用。

③ 用画笔画出劳动项目并粘贴在圆盘边缘。

④ 将棉签穿进指针中并固定在圆盘中心位置。

⑤ 一个劳动计划转盘就做好啦。

根据家庭成员的日程安排和实际情况，制订一个定期打扫的计划。这样可以确保家中的卫生状况得到长期维持。同时，也可以DIY一个专属你们家的劳动计划转盘，我们一起动手来做一做吧！

藏在生活里的品格密码：合作品格

亲子魔法棒

大家可以评一评，并圈一圈。

评价内容	评价标准	自评
协商合作 发挥优势 各展其能	我能根据自己的优势，选择 2 项及以上劳动内容	🪄🪄🪄
	我能根据自己的优势，选择 1 项劳动内容	🪄🪄
	我不知道自己的优势，无法选择劳动内容	🪄
分工合作 互帮互助 各显神通	在遇到困难时，我能结合自己的优势，主动帮助他人，合作解决问题	🧽🧽🧽
	在遇到困难时，我愿意相互帮助，合作解决问题	🧽🧽
	在遇到困难时，我无法帮助他人，合作解决问题	🧽
持续合作 各司其职 共营佳境	能够每天坚持做好自己的劳动岗位，合作营造温馨整洁的家庭环境	🌾🌾🌾
	能够偶尔完成自己的劳动岗位，合作营造温馨整洁的家庭环境	🌾🌾
	无法完成自己的劳动岗位，无法合作营造温馨整洁的家庭环境	🌾

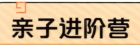

玩伴时光

在假日小队活动中,孩子往往会因为意见不同产生矛盾,家长可以鼓励孩子们主动参与,积极沟通,合作解决玩伴间的问题,让孩子们的假期变得更有意义。

1 成团进行时

玩伴邀请函

亲爱的社区小伙伴,特邀请亲爱的您加入假期玩伴团。让我们的假期更加丰富多彩!

地点:××小区×号×室

时间:××年××月××日

欢迎您的参加!谢谢!

2 玩伴圆桌会

请和你的伙伴共同讨论玩伴团的活动主题，积极表达自己的想法，认真倾听伙伴的不同观点，并做好圆桌会议记录。

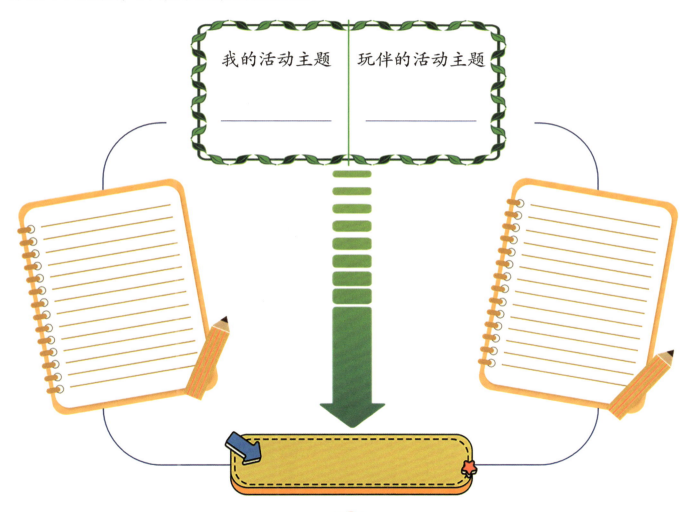

藏在生活里的品格密码：合作品格

3 玩伴故事会

| 玩的过程中，遇到了什么困难或矛盾？ | 你们是怎样解决问题的呢？ | 结果怎么样？ |

闵小行每次玩都会迟到，真让人头疼！

伙伴们会提前一天轮流打电话提醒他活动时间和地点！

闵小行渐渐不再迟到了，真棒！

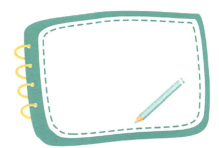

假期翻斗乐

亲爱的孩子,你在假期玩伴团中的表现如何呢?快来圈一圈吧!

能制作邀请函,可是组团不成功。

能制作邀请函,在家长帮助下,成功组团。

能制作邀请函,分发给小区伙伴,并成功组团。

不能接受不同的观点,不喜欢与他人沟通。

能倾听不同的观点,但始终坚持自己的想法。

能倾听不同的观点,乐意接受他人更好的想法。

在出现问题时,容易指责他人。

在出现问题时,能做到不指责他人。

在出现问题时,不指责他人且能合作解决问题。

亲子进阶营

行动起来，让爱满屋！

温暖的小家需要父母和孩子共同努力建设，与孩子合作制订劳动计划，并共同完成，一定会有意想不到的收获！

1 趣味小测试

在孩子的劳动过程中，离不开父母的悉心指导，及时鼓励和肯定他们，也能培养他们良好的道德品质和行为习惯，来了解自己属于哪一类型的父母吧！

A. 我经常让孩子参与家务劳动，并及时给予他肯定。
B. 我经常让孩子参与家务劳动，怕他骄傲就不会及时给予他肯定。
C. 我感觉孩子没必要参与家务劳动。
D. 我会经常批评孩子不劳动，但是并没有具体措施。

A. 智慧型父母　　B. 成长型父母　　C. 散养型父母　　D. 严格型父母

温馨提示

孩子的成长离不开父母的引导，亲子劳动是增进亲子沟通、优化亲子关系的有效途径！

孩子爱劳动，不仅可以学会生活技能，也能培养他的成就感和自信心哦！

快来制订亲子劳动计划吧！

2 劳动引导有方向

请爸爸妈妈根据日常的家务分工，合作梳理出孩子可以参与的亲子劳动项目吧！

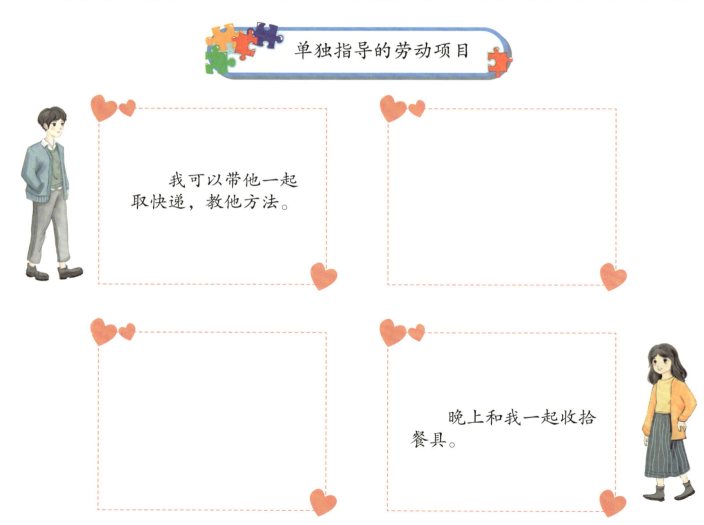

单独指导的劳动项目

我可以带他一起取快递，教他方法。

晚上和我一起收拾餐具。

十、心动不如行动

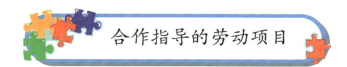
合作指导的劳动项目

周末露营时一起搭帐篷。

3 合作劳动有计划

有效的亲子合作劳动,一定要付诸实际行动,并且要学会捕捉孩子劳动过程中的闪光点,及时鼓励和肯定他(她)的表现,才能激发他(她)在劳动中的自信心,给他(她)带来幸福感!

亲子劳动计划

	周一	周二	周三	周四	周五	周六	周日
参与人及劳动项目							
他(她)的闪光点							

温暖的小家

小朋友，在与爸爸妈妈合作劳动的过程中一定有许多温暖的回忆吧！请与爸爸妈妈一起评一评，圈出你们的温暖进度条吧！

❤️▰▰▰▰▰ 100%　明确自己的现状，积极参与亲子劳动。

❤️▰▰▰▱▱ 75%　明确自己的现状，愿意尝试亲子劳动。

❤️▱▱▱▱▱ 0%　明确自己的现状，没时间参与亲子劳动。

❤️▰▰▰▰▰ 100%　合作梳理出5—6个亲子劳动项目。

❤️▰▰▰▱▱ 75%　合作梳理出3—4个亲子劳动项目。

❤️▱▱▱▱▱ 0%　合作梳理出2个及以下亲子劳动项目。

❤️▰▰▰▰▰ 100%　能制订亲子劳动计划，共担责任，出现问题时互相体谅，合作解决问题。

❤️▰▰▰▱▱ 75%　能制订亲子劳动计划，共担责任，出现问题时不指责，尝试合作解决问题。

❤️▱▱▱▱▱ 0%　能制订亲子劳动计划，出现问题时推卸责任，不能合作解决问题。

合作品格总评

在合作完成任务中，你最难实现的是"合作五要素"中的哪一个？请圈出来。你是什么时候，在哪里，怎样进阶的？请在台阶上写出你的"进阶关键词"。

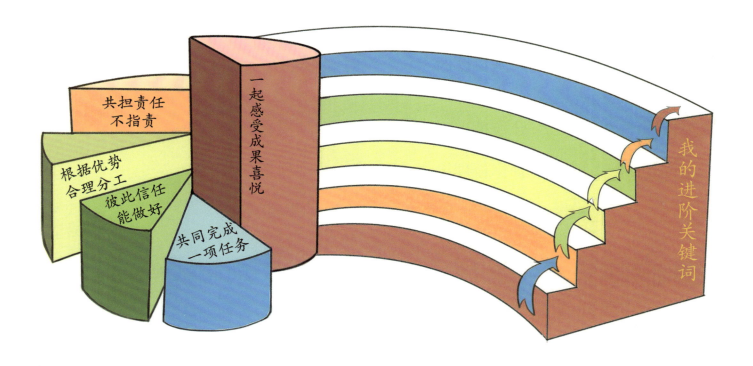

心田里的春雨——品格教育的生命力量

在这本书的最后,我们想用一颗感恩的心,为这段旅程画上句号。这不仅是一本书的完成,更是一段心灵的旅行,背后承载着无数人的智慧与心血。

这本《藏在生活里的品格密码》的诞生,离不开上海市班主任带头人冯志兰工作室、闵行区冯志兰名师基地以及莘庄镇冯志兰名师工作室所有老师的共同努力。同时也特别鸣谢上海市班主任带头人冯志兰工作室所在学校——闵行区莘庄镇小学给予的支持。它们是思想的火花碰撞的场所,是教育理念与时俱进的见证,更是品格教育实践研究的前沿阵地。

此外,我们要向所有为本书倾注心血的团队成员致以最深切的敬意。编写团队苗壮、王飞、丁湘依、陆海洁、朱佳妮以及绘图团队王佳洁、苏超明、王欣、方园、吴政彤、刘乐语、徐茵洁,你们的才华与努力,跃然纸上,充满生命力。你们不仅是知识的传递者,更是美好品格的播种者,你们用爱与智慧引领孩子们的成长之路。

我们携手并肩,面对挑战,共享喜悦。每一次思想的碰撞,都如同星辰汇聚,点亮了品格教育的星空。本书是我们共同智慧的结晶,见证了品格教育如何如细雨般滋养心灵,于无声处塑造灵魂。

我们期望,通过这本书,家长与孩子能够携手漫步于品格的花园,让优秀品格成为生活的基石,让爱与智慧在家庭中生根发芽,绽放出最灿烂的花朵。

藏在生活里的品格密码

创新品格

上海市班主任带头人冯志兰工作室　编

内容提要

本书是一本旨在培养孩子美好品格的指南。全书按品格种类分为五册，分别是有序品格、坚持品格、合作品格、创新品格、感恩品格。每种品格内容根据孩子的成长进阶，难度升级，当孩子掌握这五种品格以后，相信已经成长为一个具备美好品格的好孩子了！本书以家庭活动为背景，围绕主人公闵小行和他的爸爸、妈妈、爷爷、奶奶以及妹妹闵小思之间的故事展开。本书内容翔实、图文并茂，适合父母和孩子共同阅读。

本册主题为"创新品格"。

图书在版编目（CIP）数据

藏在生活里的品格密码. 创新品格 / 上海市班主任带头人冯志兰工作室编. — 上海：上海交通大学出版社，2024.10 — ISBN 978-7-313-31044-6

Ⅰ．D432.62

中国国家版本馆CIP数据核字第2024P267M1号

藏在生活里的品格密码：创新品格
CANG ZAI SHENGHUO LI DE PINGE MIMA: CHUANGXIN PINGE

编　　者：上海市班主任带头人冯志兰工作室	
出版发行：上海交通大学出版社	地　　址：上海市番禺路951号
邮政编码：200030	电　　话：021-64071208
印　　制：上海文浩包装科技有限公司	经　　销：全国新华书店
开　　本：889mm×1194mm　1/24	印　　张：2.75
字　　数：48千字	
版　　次：2024年10月第1版	印　　次：2024年10月第1次印刷
书　　号：ISBN 978-7-313-31044-6	
定　　价：98.00元（全5册）	

版权所有　侵权必究
告读者：如发现本书有印装质量问题请与印刷厂质量科联系
联系电话：021-57480129

我想告诉你，这是一本怎样的书

亲爱的家长朋友：

当您手中拿起这本《藏在生活里的品格密码》，相信您已经迈出了培养孩子美好品格的第一步。在您面前的不仅仅是一本书，更是一份家庭教育的"旅行指南"，一个亲子成长的快乐宝盒。这里不会有高深莫测的理论，也不会有冗长乏味的讲解，有的只是那些藏于日常生活之中的教育智慧和温情瞬间。

我们希望这本书能成为您的贴心伴侣，带您走进孩子的世界；同时也让您的孩子跟随书中的品格密码，慢慢理解什么是有序、坚持、合作、创新与感恩。我们鼓励您带着孩子一起阅读，让每一个真实的情境，成为你们之间亲子交流的契机。

更为特别的是，本书还邀请您和孩子一同创造一本属于你们的亲子品格成长手账。在这个过程中，你们的每一次互动、每一份评价、每一刻温馨的感受都将被记录，编织成一份份珍贵的记忆。这本手账将是你们共同努力的成果，也是孩子品格成长的见证。

请您以一种轻松愉悦的心情翻开这本书，就像和一个老朋友聊天一样，不要有压力，只需享受与孩子互动的乐趣。我们相信，通过这一次次的亲子之"旅"，您将找到引导孩子成长为拥有有序、坚持、合作、创新、感恩等品格的关键。

愿您和孩子在这段"旅程"中，收获爱与智慧，共同成长，让品格教育成为生活中最美好的礼物。快来享受这场与孩子的心灵之旅吧！

祝您阅读愉快！

上海市班主任带头人冯志兰工作室全体成员

序言

创新品格

"这些快递纸盒怎么处理啊?""我们怎么抓住美丽的云朵?""你有几个博物馆的章啊?""为什么同学家的楼道那么漂亮?"……孩子是天生的提问专家,他们无所不问,无所不学,这也是他们了解世界的方式。面对孩子的问题,家长要和孩子一起在行动中寻找答案,这不仅可以创造更多高质量的亲子互动契机,也可以让家长通过不同的角度了解孩子,参与孩子的成长。

普鲁塔克说:"儿童的心灵不是一个需要填满的罐子,而是一个需要点燃的火炉。"希望这本《藏在生活里的品格密码》能成为点燃家长和孩子创意劳动的火种,让孩子在劳动中培养责任感、体现价值、展现风采、感受快乐。

目录

一　敬老院里的"一站式"服务 …………………………………… 1

二　楼道里的小小美妆师 ………………………………………… 7

三　如果云知道 …………………………………………………… 14

四　神奇的小叶子 ………………………………………………… 20

五　童趣时光,如"影"随形 …………………………………… 26

六　玩具改造家 …………………………………………………… 32

七　我为书本穿"新衣" ………………………………………… 36

八　"章"显你的个性 …………………………………………… 42

九　纸盒变变变 …………………………………………………… 48

十　指尖上的生活"印"记 ……………………………………… 53

创新品格总评 ……………………………………………………… 59

后记 ………………………………………………………………… 60

人物介绍

藏在生活里的品格密码：创新品格

亲子进阶营

治愈系"一站式"服务

现下非常流行"一站式"服务，它可以满足大家的不同需求。我们为敬老院策划"一站式"服务，为老人们带去"治愈"能量，这是非常有意义的服务性劳动。老人们真正的需求在哪里？我们需要打开思维，探寻老人们的需求而策划服务，同时，这也是在培养我们的创新品格哦！下面，让我们一起开启治愈系"一站式"服务的策划吧！

站站一：心动治愈

让我们走进敬老院，采访一下老人们的需求，站在老人的角度换位思考。

1. 岗位分工

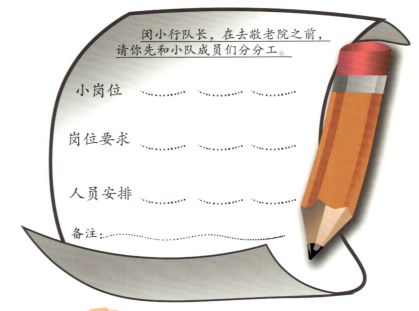

闵小行队长，在去敬老院之前，请你先和小队成员们分分工。

小岗位 _____

岗位要求 _____

人员安排 _____

备注： _____

小贴士

可以先和同学交流，有问题再和家长沟通讨论。

一、敬老院里的"一站式"服务

2. 实地采访

采访工作人员	采访院内老人
问题1：_____	问题1：_____
问题2：_____	问题2：_____
问题3：_____	问题3：_____

站站二：行动治愈

妈妈，我们调查了敬老院的情况后，想给老人们制订一些适合他们的活动，但我们人力、物力实在有限。

小行，你们可以试试给老人们分组制订活动，小伙伴们就可以认领小组，分头负责了！

1. 人员分组

小贴士　可以根据老人们的身体状况分组。

Q：敬老院里老人多，根据他们的身体状况，可以分成哪几个组？

A：_____

2. 活动治愈

妈妈，谢谢你！我现在知道了，分好组我就可以和伙伴们制订老人们的活动计划啦！

那你们现在有什么好的想法吗？

请想一想，你还能设计哪些活动？

| 听力不佳的老人 手工类：十字绣 | _____的老人 _____ | _____的老人 _____ | _____的老人 _____ |

一、敬老院里的"一站式"服务

 终点站："一站式"治愈

1. 墙的声音

我们的"一站式"服务已经到达终点，请找敬老院的工作人员和老人们，听听他们的心声吧！

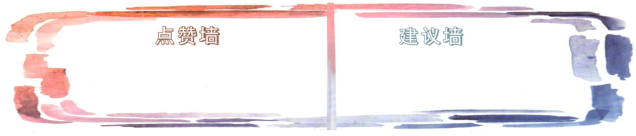

点赞墙　　　　　　　建议墙

2. 我的收获

经过对敬老院工作人员、老人们的采访，为不同的老人制订不同形式的活动计划，相信在治愈系的"一站式"服务中，你一定有很多话想说。请记录下来吧！

我主要制订了＿＿＿＿＿活动。
在活动中，我为＿＿＿＿＿组的老人服务。
我也产生了新的疑惑：＿＿＿＿＿＿＿＿＿＿＿＿＿＿＿＿。
我希望这样解决：＿＿＿＿＿＿＿＿＿＿＿＿＿＿＿＿。
　　希望我们的治愈系"一站式"服务越来越成熟，成为我们小队的特色。

藏在生活里的品格密码：创新品格

一站式评价

敬老院评
家长评
自评

请学生、家长、敬老院分别根据评价标准，在图标内涂上相应标准的颜色。如：我觉得自己"能积极参与岗位分工，完成问题设计"，我为自评涂上红色。

□ 能积极参与岗位分工，完成问题设计。
□ 能参与岗位分工，完成问题设计。
□ 能在他人帮助下找到自己的岗位，完成问题设计。

□ 能根据老人情况进行分组，自主设计活动。
□ 能根据老人情况进行分组，和同伴一起设计活动。
□ 能根据老人情况进行分组，在他人帮助下设计活动。

□ 能结合敬老院反馈，独立反思和完善活动策划。
□ 能结合敬老院反馈，和同伴讨论，一起完善活动策划。
□ 能结合敬老院反馈，在他人帮助下完善活动策划。

"面面俱到"的小小美妆师

亲子进阶营

化妆，能表现出人物独有的自然美，能改善人物原有的"形""色""质"，增添美感和魅力。改造楼道也是"化妆"的一种形式。作为中高年级小学生，积极参加校内外服务性劳动，发散自己的创新思维，在帮助他人的同时，还能在劳动中促进创新品格的养成，何乐而不为！

第一步：卸妆清理

爸爸，你瞧瞧我们的楼道，不同楼层的拐角处都会有一些堆物，这肯定会影响我们的改造，我们想给楼道做个"卸妆清理"！

二、楼道里的小小美妆师

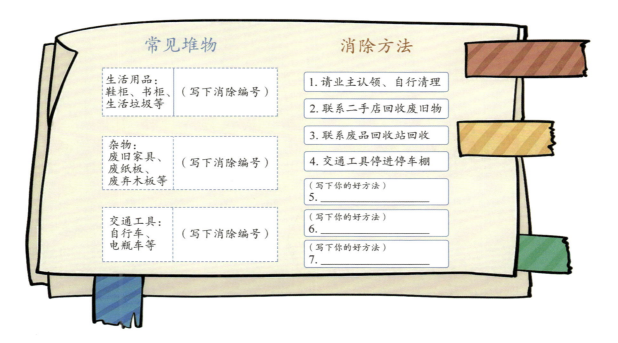

常见堆物		消除方法
生活用品：鞋柜、书柜、生活垃圾等	（写下消除编号）	1. 请业主认领、自行清理
		2. 联系二手店回收废旧物
杂物：废旧家具、废纸板、废弃木板等	（写下消除编号）	3. 联系废品回收站回收
		4. 交通工具停进停车棚
		（写下你的好方法） 5._____
交通工具：自行车、电瓶车等	（写下消除编号）	（写下你的好方法） 6._____
		（写下你的好方法） 7._____

第二步：美妆行动

小行，你对妈妈的化妆了解吗？你有没有发现妈妈去不同场合、不同活动，妆容都不一样呀？

确实！我知道了，爸爸，给楼道"美妆"也需要定一个风格，然后设计草稿，最后定稿"美妆"。

藏在生活里的品格密码：创新品格

楼道设计者

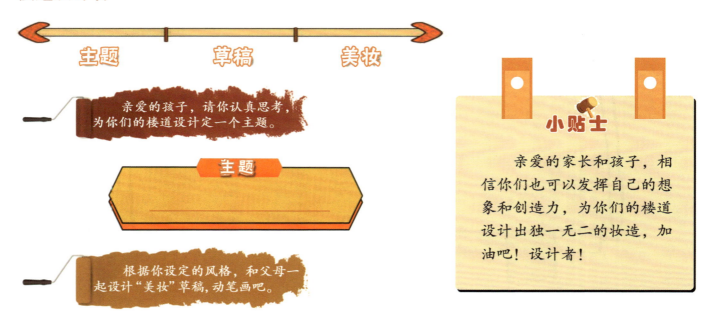

主题　　草稿　　美妆

亲爱的孩子，请你认真思考，为你们的楼道设计定一个主题。

主题

根据你设定的风格，和父母一起设计"美妆"草稿，动笔画吧。

小贴士

亲爱的家长和孩子，相信你们也可以发挥自己的想象和创造力，为你们的楼道设计出独一无二的妆造，加油吧！设计者！

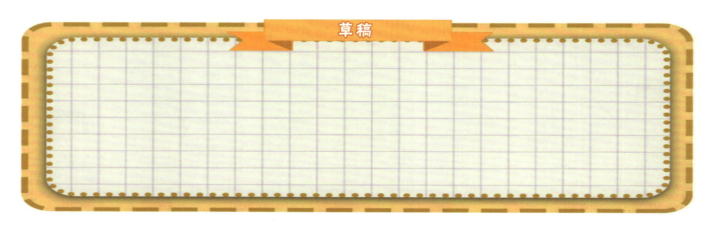

草稿

二、楼道里的小小美妆师

开动脑筋、发挥想象！接下来我们就和小伙伴们一起动手给楼道"美妆"吧！

等等，爸爸！化妆前还是要做准备工作的！

准备楼道"美妆"用具，一起成为设计者！

1 _____

2 _____

3 _____

4 _____

请动手查阅楼道"美妆"工序，写下你的答案吧！

藏在生活里的品格密码：创新品格

第三步：定妆宣传

爸爸，最美楼道评比就要开始了，别的小队都在发朋友圈了，我们也要赶紧"定妆"宣传啊！

好的！你说说，我们可以怎么做？爸爸全力配合！

请家长和孩子一起写写进行宣传的方法。

点亮楼道灯

亲爱的家长和孩子，你们在楼道改造的过程中收获颇多，在美妆师的改造下，楼道焕然一新，现在，请涂上你们喜欢的颜色来点亮你们的楼道灯吧！（评价标准：一束灯光为"一般"，两束灯光为"较好"，三束灯光为"非常好"）

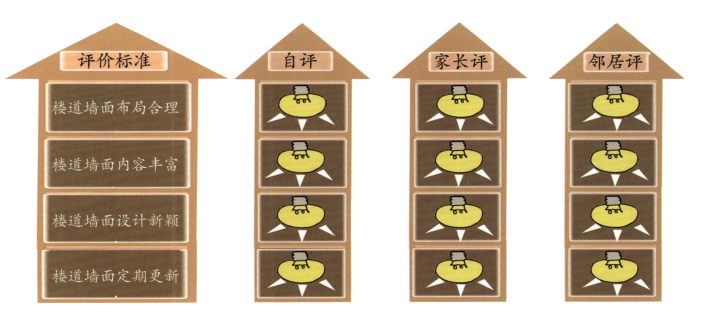

> 亲子进阶营

云端奇幻梦

云里什么都有，有一切你们奔放无边的想象，有一切你们停留此刻的美好，有变幻莫测的故事……行动起来，和家长一起探索神秘云朵，把它留在身边吧！

1.云朵知识大搜索

你能回答闵小思的问题吗？你可以通过查阅资料、找家长帮忙等方式来找找答案哦！

我知道云朵为什么不掉下来。因为云朵其实是由无数很小很小的水滴凝结在一起的，它们很轻很轻，所以就会飘在空中。

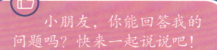

小朋友，你能回答我的问题吗？快来一起说说吧！

藏在生活里的品格密码：创新品格

云朵家族根据云所处的高度、形状以及形成原因等，还可以分为十属呢！从高到低分别是：卷云、卷积云、卷层云、高积云、高层云、层积云、积云、积雨云、雨层云、层云。每个属的云是怎么样的呢？让我先介绍"高积云"……

小朋友，你能介绍其他的云吗？

高积云，外形是成群的扁球状的云块，排列很匀称，颜色为白色或灰色。

卷云是……

积云是……

2. 天气预言家

如果能通过云的形状预知天气，是不是很酷呢！动动手，制作一张云朵识别盘，就可以帮你成为天气预言家哦！

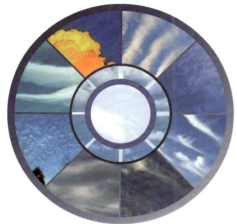

云朵识别盘（样例）

把你制作的云朵识别盘张贴在这里吧！

藏在生活里的品格密码：创新品格

3. 云朵收藏家

寻找最喜欢的云用相机拍下来，做成云朵手册；或者，把拍下的云朵印在枕头或衣服上……行动起来吧！

我把喜欢的云拍下来，命名"懒羊羊"，每次看到喜欢的云我都收集下来，最后做成"云朵手册"。

小思，我们把喜欢的云朵印在枕头上，就可以把它留下来啦！

云朵手册

云朵枕

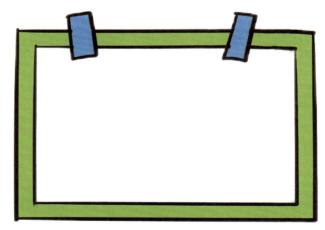

你的云朵作品

云朵收集器

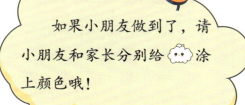

如果小朋友做到了,请小朋友和家长分别给☁涂上颜色哦!

内容	评价标准	自己评	家长评
云朵知识大搜索	能说出一到二种云朵知识	☁	☁
	能说出三到四种云朵知识	☁☁	☁☁
	能说出五种以上云朵知识	☁☁☁	☁☁☁
天气预言家	能预测一到二种天气	☁	☁
	能预测三到四种天气	☁☁	☁☁
	能预测五种以上天气	☁☁☁	☁☁☁
云朵收藏家	能制作一到二种云朵手工	☁	☁
	能制作三到四种云朵手工	☁☁	☁☁
	能制作五种以上云朵手工	☁☁☁	☁☁☁

四、神奇的小叶子

我家小行的问题可真多，真会思考！

那我们一起捡一些小叶子带回家研究研究吧。

让我们先来请教一下小博士吧。

妈妈，看地上有那么多小叶子。叶子为什么会落下来？叶子为什么是在秋天落下来？叶子从树上落下来后去了哪里？……

叶子是绿色植物进行光合作用和蒸腾作用的主要器官，同时还具有光的吸收、繁殖和贮藏功能。

落叶是大自然的馈赠，让我们一起来看看小叶子的神奇魔法吧！

> 亲子进阶营

小叶子的魔法

像小叶子一样，吸收太阳能量，让你的想象像太阳一样绽放光芒吧！小叶子会变成什么呢？

太阳能量球：给小叶子一点阳光

把你的想法写在横线上哦！

小叶子标本

氧气能量环：给小叶子一个华丽变身

像小叶子一样，深吸一口气，让你的实践像氧气一样清新，让人耳目一新。你的作品是什么呢？树叶画？叶脉书签？……想好了就行动吧，让你的想法变成现实！把你的作品拍照留念，贴在下面的图框里吧，再展示给你的小伙伴看看吧。

你需要准备的工具有：_____

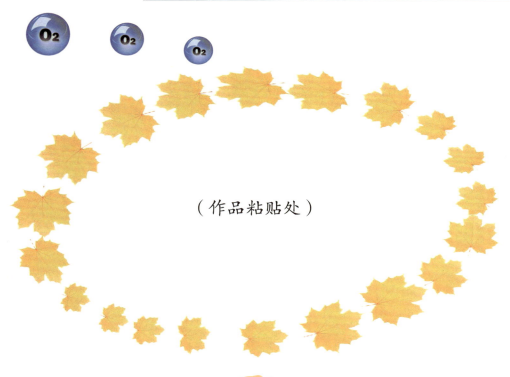

（作品粘贴处）

水滴能量块：给小叶子一次新生

还有好多零碎的小叶子没用呢，别急，不要扔，我们还可以用它们做腐叶肥料，动动手指，探究一下。腐叶肥料怎么做呢？可以把你的计划写在水滴方块里哦。

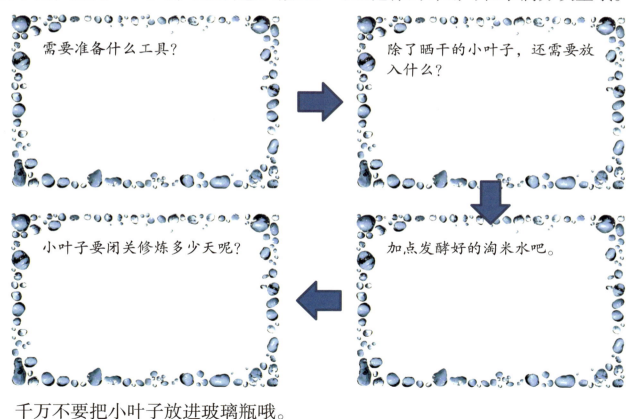

千万不要把小叶子放进玻璃瓶哦。

等到春天来临,用小叶子肥料来喂养你喜欢的植物,一起去见证神奇时刻的来临吧!小叶子变身了,把你看到的神奇魔力拍个照吧。

小叶子给你点个赞！

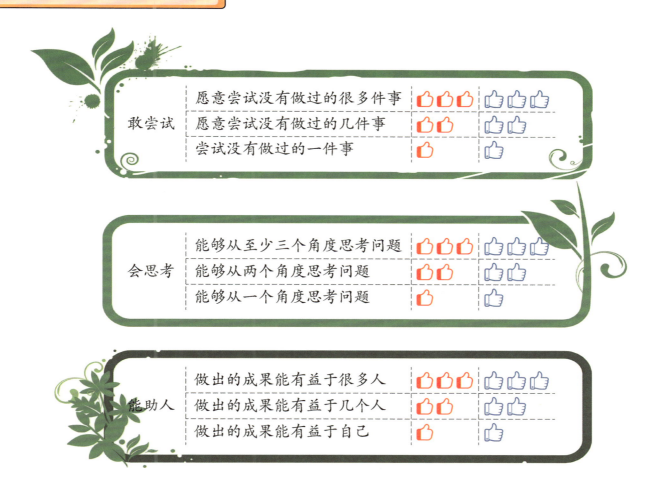

敢尝试	愿意尝试没有做过的很多件事	👍👍👍	👍👍👍
	愿意尝试没有做过的几件事	👍👍	👍👍
	尝试没有做过的一件事	👍	👍

会思考	能够从至少三个角度思考问题	👍👍👍	👍👍👍
	能够从两个角度思考问题	👍👍	👍👍
	能够从一个角度思考问题	👍	👍

能助人	做出的成果能有益于很多人	👍👍👍	👍👍👍
	做出的成果能有益于几个人	👍👍	👍👍
	做出的成果能有益于自己	👍	👍

🌱 小叶子说："如果小朋友做到了，请小朋友把👍涂上色，请家长把👍涂上色。祝贺你得了_____个赞。"

五、童趣时光，如"影"随形

行进中的光被阻挡时，就形成了阻挡物的影子。光源、阻挡物和屏是产生影子的三个条件，缺一不可哦！而且，光源和阻挡物的变化会导致影子的变化呢！

妈妈，我发现影子时刻在变化，这到底是怎么回事呢？

| 亲子进阶营 |

光影进行时

光影是大自然最美的艺术。在光影探索的过程中，无论是日晷制作、手影游戏还是植物影子创意，每一次实践都能引发孩子敏锐观察力、丰富想象力和科学知识的多维碰撞。跟孩子一起自由探索，畅享光影魅力吧！

1 制作日晷

日晷是以太阳影子的移动，对应于晷面上的刻度来计时的工具。快来动手制作一个日晷试试看吧！

当太阳的影子指示到1点的时候，就代表时间是1点。

藏在生活里的品格密码：创新品格

把你制作的日晷张贴在这里展示一下吧！

古时候还有这种日晷，动动小手，挑战一下吧！

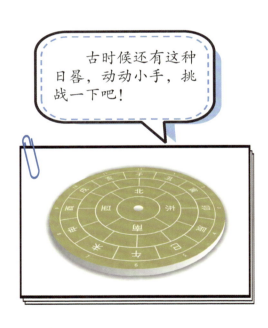

五、童趣时光，如"影"随形

挑战手影游戏

伸出小手，挑战一下，看看你能摆出图中几种小动物。

你还能摆出其他事物的手影吗？把你摆的影子贴一贴吧！

藏在生活里的品格密码：创新品格

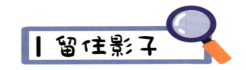

1 留住影子

你可以以光为笔，以影为画；也可以开动脑筋，来点创意。

展示区

日月交辉映

如果能收集到12个太阳，就能点亮日晷；收集到12个月亮，就能点亮月晷。赶快行动起来吧！

内容	评价标准	自评	家长评
开动脑筋"做日晷"	能独立动手做现代版日晷	☀️☀️	🌙🌙
	能独立动手做古代版日晷	☀️☀️☀️	🌙🌙🌙
	能创新一个不同的日晷	☀️☀️☀️☀️	🌙🌙🌙🌙
心灵手巧"比手影"	能比出图中一到三个手影	☀️☀️	🌙🌙
	能比出图中四个及以上手影	☀️☀️☀️	🌙🌙🌙
	能自己创新不同的手影	☀️☀️☀️☀️	🌙🌙🌙🌙
别出心裁"留影子"	能拍照留住影子	☀️☀️	🌙🌙
	能在拍下的影子上进行创意	☀️☀️☀️	🌙🌙🌙
	能独立创新留下影子的方法	☀️☀️☀️☀️	🌙🌙🌙🌙

六、玩具改造家

亲子进阶营

玩具换新颜

面对越来越多的玩具，你有什么好点子，给它们找个家吗？

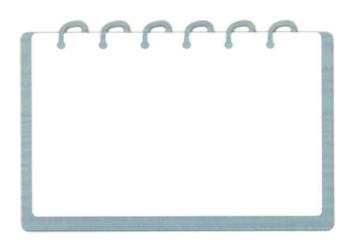

整理玩具是每个家庭成员的责任。给孩子一些玩具管理的具体任务，如让他们定期整理自己的玩具柜或者玩具箱，确保归位，让他们感受到管理的责任感。看到摆放整齐的玩具，是不是很有成就感呢？

玩具变变变

玩具大变身也是有公式的哦!

晒一晒你的变身公式

创意分享展示

无论是将玩具和日常生活用品进行创意搭配,或是将不同种类的玩具组合在一起,都能创造出新奇的玩具形态,让孩子重新发现玩具的乐趣!

六、玩具改造家

玩具总动员

在改造玩具的过程中，我们看到了孩子许多令人惊叹的创意和努力，将原本的玩具焕发出全新的生机和魅力。玩具总动员，让我们一起来对自己的创意活动进行评价，涂色点亮摩天轮灯带吧！

1. 创意无限，玩具创新焕新生
   - ☐ 根据样图改造——1颗 ☆
   - ☐ 在父母指导下改造——2颗 ☆
   - ☐ 自己创新改造——3颗 ☆

2. 巧妙运用，变废为宝有智慧
   - ☐ 运用原材料改造——1颗 ☆
   - ☐ 会进行材料的再利用——2颗 ☆
   - ☐ 创新改造玩具——3颗 ☆

3. 巧手巧思，驾驭玩具有魔力
   - ☐ 在指导下基本完成——1颗 ☆
   - ☐ 完成改造，但细节上可再加强——2颗 ☆
   - ☐ 熟练使用工具，细节到位——3颗 ☆

4. 新旧融合，创意无限巧变身
   - ☐ 与原始有一定关联和创意——1颗 ☆
   - ☐ 有融合性，可再多些创意——2颗 ☆
   - ☐ 保留了原始的特色，有创意——3颗 ☆

5. 防微杜渐，改造安全有保障
   - ☐ 考虑到了安全性——1颗 ☆
   - ☐ 考虑到了安全性，材料选择待加强——2颗 ☆
   - ☐ 充分考虑到了安全，材料运用合理——3颗 ☆

6. 创意落地，魔法呈现细节美
   - ☐ 基本落实想法——1颗 ☆
   - ☐ 较好改造玩具，细节处理较好——2颗 ☆
   - ☐ 整体设计完整，细节处理精细——3颗 ☆

七、我为书本穿"新衣"

亲子进阶营

当传统遇上创意

在日常小事中锻炼孩子的动手能力,用创意生活滋养儿童一生的劳动创造力。怎么让孩子爱上包书,让包书成为一种乐趣呢?让我们一起来头脑风暴吧!

真省事:现成书皮

✽ 第一步:我能列好小清单

你想买几个书皮?快来记录一下数量、尺寸和书皮类型吧!

藏在生活里的品格密码：创新品格

🌸 **第二步：根据上面罗列的小清单，快去购买书皮**

   购买成功，画上笑脸哦！

🌸 **第三步：动动你的小手，给你的小书本穿上"衣服"**

晒晒我的小成果

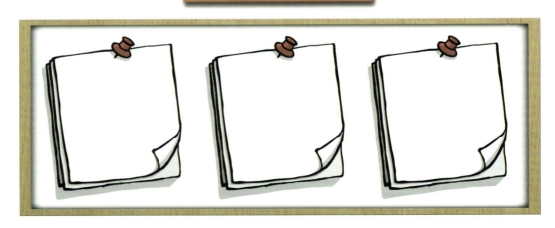

除了购买现成的书皮包书，小朋友还可以拾起有趣的手工包书传统呢！

第一步：传统包书方法我来解

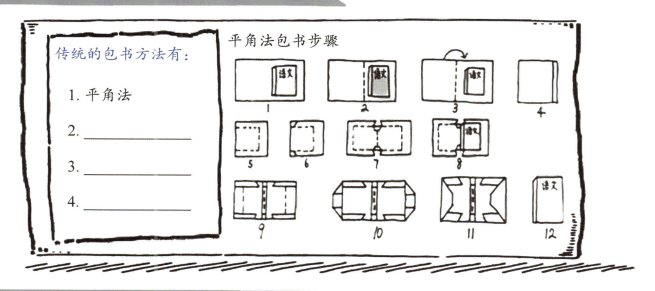

传统的包书方法有：

1. 平角法

2. _____

3. _____

4. _____

平角法包书步骤

第二步：传统包书方法我来试

哇！找到了这么多传统的包书方法，相信你一定迫不及待想尝试用这些方法包书了吧！请选择一种方法，动手试试吧！

第三步：传统包书方法我来秀

晒晒我的小成果

拍下照片贴一贴吧！

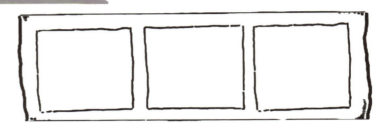

真实用：创意书皮

叮！头脑小风暴来了！
小朋友，为了让小书皮变得更实用，我们来为它"添砖加瓦"吧！

美化

1. 根据学科特点美化
2. 根据自己喜好美化
3. _____
4. _____
5. _____

功能

1. 记录区
说明：添加记录区，可以在这块区域内设计记录方式。
2. 收纳区
说明：可以设计收纳袋，容纳一定量的小资料，便于实用！
3. _____
说明：_____

小小书本排排站

小朋友，你真棒哦！用你的小巧手为一本本书穿上了"新衣"，现在来评价一下你的表现吧！（友情提示：选 A 为三本书上色，选 B 为两本书上色，选 C 为一本书上色，可以挑选你喜欢的颜色哦！）

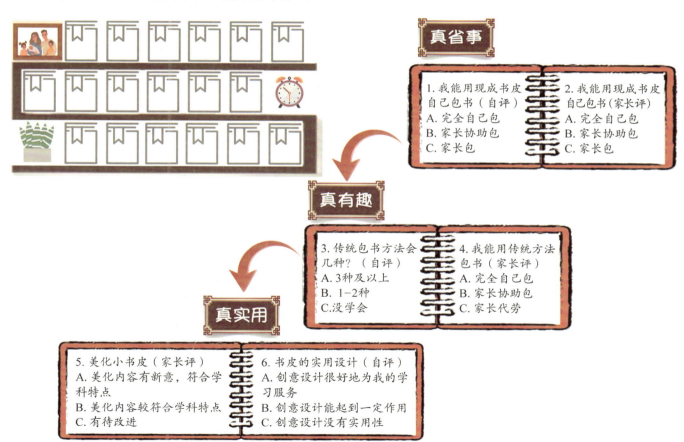

真省事

1. 我能用现成书皮自己包书（自评）
A. 完全自己包
B. 家长协助包
C. 家长包

2. 我能用现成书皮自己包书（家长评）
A. 完全自己包
B. 家长协助包
C. 家长包

真有趣

3. 传统包书方法会几种？（自评）
A. 3种及以上
B. 1-2种
C. 没学会

4. 我能用传统方法包书（家长评）
A. 完全自己包
B. 家长协助包
C. 家长代劳

真实用

5. 美化小书皮（家长评）
A. 美化内容有新意，符合学科特点
B. 美化内容较符合学科特点
C. 有待改进

6. 书皮的实用设计（自评）
A. 创意设计很好地为我的学习服务
B. 创意设计能起到一定作用
C. 创意设计没有实用性

八、"章"显你的个性

八、"章"显你的个性

> **亲子进阶营**

表"章"大会

每一枚图章就是一个文化符号，不光寓意好，设计也很新颖，从中我们不仅能感受中国传统文化，更可以引导孩子进行探究、创造。看看这些有趣的图章，说说你发现了哪些文化元素。

图章大本营

许多城市的博物馆和景点都会有印章，行动起来，晒晒你已经收集的图章。

图章仪仗队

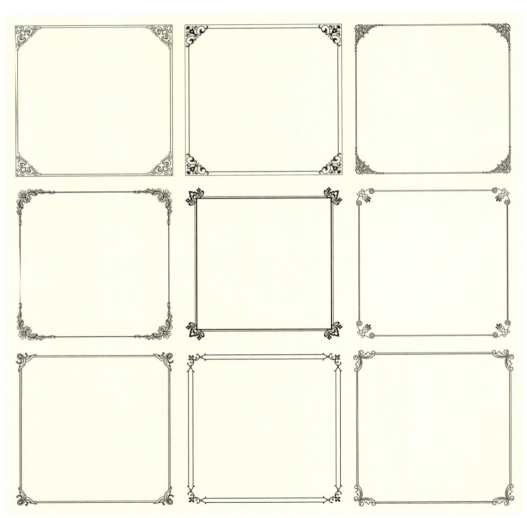

图章点将台

你最喜欢哪些图章?你可以询问场馆工作人员或者查找相关资料,请你用喜欢的方式和角度来介绍这枚图章,完成下面这张图章页面吧。

图章集结号

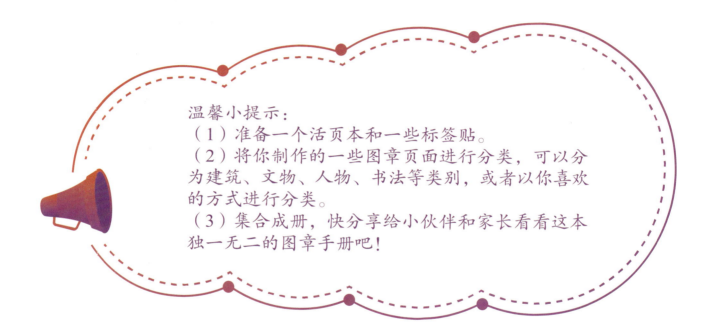

温馨小提示：
（1）准备一个活页本和一些标签贴。
（2）将你制作的一些图章页面进行分类，可以分为建筑、文物、人物、书法等类别，或者以你喜欢的方式进行分类。
（3）集合成册，快分享给小伙伴和家长看看这本独一无二的图章手册吧！

八、"章"显你的个性

"章"扬一下！

评价标准	自己评	家长评	小伙伴评
能从场馆收集满七到九个图章			
能从场馆收集满四到六个图章			
能从场馆收集一到三个图章			
能从至少四个角度对图章进行分类			
能从三个角度对图章进行分类			
能从一到两个角度对图章进行分类			
能从三个方面介绍你的图章的独特之处			
能从两个方面介绍你的图章的独特之处			
能从一个方面介绍你的图章的独特之处			
制作的图章手册很吸引人，对别人有帮助			
制作的图章手册很吸引人			

读读以上评价标准，如果小朋友做到了，可以给图章涂上色。

9 亲子进阶营

变变秘籍

我们发现日常生活中时时刻刻都有素材，纸箱纸盒就是一个很好的道具，在潜移默化的过程中去丰富孩子的认知能力，建构孩子的思维空间。

 变变秘籍①："天马行空"的思维

询问孩子：给你一个纸箱，你会用来变什么呢？

孩子的回答：_____

 变变秘籍②："特种兵式"的行动

家长鼓励孩子尝试，不仅仅是浅尝辄止，对于孩子真正感兴趣的有学习内容的项目，可以鼓励孩子在尝试后用行动力去坚持，从而达到一个持续行动的长期锻炼。

（塑料袋）　　（泡沫）　　（纸盒）　　（木箱）

询问孩子：用这些素材，我们来变什么呢？

（1—2块）：小时钟、七色彩虹、小企鹅、大风车、收纳盒

（3—5块）：小电话、小比萨、小吉他、小型停车场、迷你迷宫

（6块以上）：弹珠机、俄罗斯方块、坦克大战、玩偶屋、投篮机

变变秘籍③:"乐在其中"的提升

当孩子完成某项作品时,我们可以将作品展示出来,并告知:所有的尝试都有结果。孩子能力的提升,就是在一次次小的冲锋中去锻炼自己的行动能力,去拉练自己追逐机会的脚步。

(作品粘贴处)

钻之拼图

小贴士：根据表格内容，家长和孩子一起集钻石，即可获得属于你的钻石段位。

内容	评价标准	自评	家长评
天马行空"思维"	能够独立思考和解决问题，积极寻求创新的点子	◇◇◇	◇◇◇
	有一定创新意识，能够独立思考并提出创新点子	◇◇	◇◇
	缺乏创新意识，无法独立思考并提出创新点子	◇	◇
特种兵式"能力"	能够独立完成钻石级作品	◇◇◇	◇◇◇
	能够独立完成黄金级作品	◇◇	◇◇
	能够独立完成白银级作品	◇	◇
乐在其中"提升"	遇到困难，不放弃，自己探索完成作品	◇◇◇	◇◇◇
	能够在别人的帮助下，坚持完成作品	◇◇	◇◇
	在别人的督促下，勉强完成作品	◇	◇

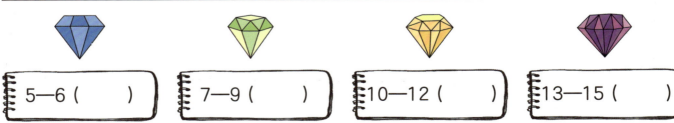

5—6（　　）　　7—9（　　）　　10—12（　　）　　13—15（　　）

亲子进阶营

生活美，学三关

扎染是我国非物质文化遗产瑰宝之一。一块白布、几根皮筋和几瓶五彩斑斓的染料，再加上孩子们充满创造力的童心，就能激发出无限的可能。孩子们自由发挥想象力，通过扎染创作出独特的个性作品，不仅培养了他们解决问题的能力，更教会他们如何寻找创新的解决方案。现在，就让我们一起跟着闵小行，闯三关，学扎染吧！

第一关：妙"布"可言

传统扎染作为一项非遗活动传承至今，一定有着它独特的奥秘，让我们先找找身边的扎染工具吧！

扎染大PK

传统扎染工艺
捆扎工具：麻绳、橡皮筋、木夹子
染色工具：湿布（棉白布、棉麻混纺、白布）
水性颜料：植物蓝靛

现代扎染工艺
提示：生活中，哪些用品能帮助我们进行扎染呢？
捆扎工具：
染色工具：
水性颜料：

十、指尖上的生活"印"记

第二关：巧"扎"新迹

亲爱的小朋友，恭喜你，闯入第二关啦！请你把旁边的步骤，按照正确的顺序，标注出来，我们就可以动手扎啦！

传统扎染方法

染色（　）　晒干（　）

取出（　）　浸泡（　）

密封（　）　捆扎（　）

参考答案：1.浸泡　2.取出　3.捆扎　4.染色　5.密封　6.晒干

创新扎染方法

（1）不同的技法来"扎"。看图参考，选择或创新，创造一种专属你的捆扎方式吧！

扎　缝　缚

（2）"染"出独特的图案或颜色。用不同的染料或者辅助物，创造出你自己的图案吧！

滴染　印染　晕染　植物染

（文字或者贴图）（文字或者贴图）

十、指尖上的生活"印"记

哇，好神奇啊，每次扎出的都不一样呢！聪明的小朋友，还有什么不同的扎法，快来创意扎染，把你的作品展示出来吧！

第三关：由"染"而生

传统扎染作品——> 创新扎染的作品

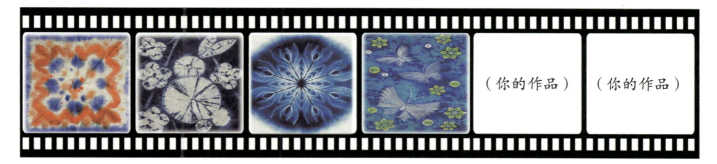

畅想未来

扎染还可以运用在生活中的哪些地方呢？

_____
_____
_____

藏在生活里的品格密码：创新品格

绽放扎染之花

小朋友，你对扎染了解多少了呢？你能成功闯过第一关，就可以为图中花朵的"花苞"涂上颜色！闯到第二关，就可以为"含苞待放"的花朵涂上颜色！来到最后一关，你就可以为"绽放"的花朵涂色啦！（每一朵花都可以用不同的颜色哦！）

	评价标准		
	★★★★★	★★★	★
第一关：妙"布"可言	了解传统扎染工具后，我能创新3种以上扎染工具	了解传统扎染工具后，我能创新1—2种扎染工具	我能知道传统的扎染工具
第二关：巧"扎"新迹	我能给传统扎染的各个步骤进行正确的排序	我知道传统扎染的各个步骤	我愿意了解传统扎染的方法
	除了书中提供的新的扎染捆扎方式，我能创新1—2种新的捆扎方式	我能尝试书中提供的1—2种新的扎染捆扎方式	我愿意尝试扎染新的捆扎方式
	除了书中提供的新的扎染染色方式，我能创新1—2种新的染色方式	我能尝试书中提供的1—2种新的扎染染色方式	我愿意尝试扎染新的染色方式
第三关：由"染"而生	我能创意制作1—2种扎染作品，并进行展示或者赠与别人	我能在传统扎染作品的基础上，创新1—2种扎染作品	我知道传统扎染的用途

创新品格总评

跳跳小房子

小要求

按照每个任务的顺序,达标后可以为相应的数字涂色,并跳到相应的格子。待十个任务全部达标,十个数字都涂色后,可完成跳房子闯关,获得一份礼物。(礼物由家长和孩子共同商定)

后记

心田里的春雨——品格教育的生命力量

在这本书的最后,我们想用一颗感恩的心,为这段旅程画上句号。这不仅是一本书的完成,更是一段心灵的旅行,背后承载着无数人的智慧与心血。

这本《藏在生活里的品格密码》的诞生,离不开上海市班主任带头人冯志兰工作室、闵行区冯志兰名师基地以及莘庄镇冯志兰名师工作室所有老师的共同努力。同时也特别鸣谢上海市班主任带头人冯志兰工作室所在学校——闵行区莘庄镇小学给予的支持。它们是思想的火花碰撞的场所,是教育理念与时俱进的见证,更是品格教育实践研究的前沿阵地。

此外,我们要向所有为本书倾注心血的团队成员致以最深切的敬意。编写团队谢玮、徐茜洁、任之菌、周隽弘、杨伟丽、史业红以及绘图团队王佳洁、苏超明、王欣、方园、吴政彤、刘乐语、徐茜洁,你们的才华与努力,跃然纸上,充满生命力。你们不仅是知识的传递者,更是美好品格的播种者,你们用爱与智慧引领孩子们的成长之路。

我们携手并肩,面对挑战,共享喜悦。每一次思想的碰撞,都如同星辰汇聚,点亮了品格教育的星空。本书是我们共同智慧的结晶,见证了品格教育如何如细雨般滋养心灵,于无声处塑造灵魂。

我们期望,通过这本书,家长与孩子能够携手漫步于品格的花园,让优秀品格成为生活的基石,让爱与智慧在家庭中生根发芽,绽放出最灿烂的花朵。

藏在生活里的品格密码

感恩品格

上海市班主任带头人冯志兰工作室　编

内容提要

本书是一本旨在培养孩子美好品格的指南。全书按品格种类分为五册，分别是有序品格、坚持品格、合作品格、创新品格、感恩品格。每种品格内容根据孩子的成长进阶，难度升级，当孩子掌握这五种品格以后，相信已经成长为一个具备美好品格的好孩子了！本书以家庭活动为背景，围绕主人公闵小行和他的爸爸、妈妈、爷爷、奶奶以及妹妹闵小思之间的故事展开。本书内容翔实、图文并茂，适合父母和孩子共同阅读。

本册主题为"感恩品格"。

图书在版编目（CIP）数据

藏在生活里的品格密码. 感恩品格 / 上海市班主任带头人冯志兰工作室编. — 上海：上海交通大学出版社，2024.10 — ISBN 978-7-313-31044-6

Ⅰ．D432.62

中国国家版本馆CIP数据核字第20245G5F74号

藏在生活里的品格密码：感恩品格
CANG ZAI SHENGHUO LI DE PINGE MIMA: GAN'EN PINGE

编　　者：	上海市班主任带头人冯志兰工作室		
出版发行：	上海交通大学出版社	地　　址：	上海市番禺路951号
邮政编码：	200030	电　　话：	021-64071208
印　　制：	上海文浩包装科技有限公司	经　　销：	全国新华书店
开　　本：	889mm×1194mm　1/24	印　　张：	2.75
字　　数：	48千字		
版　　次：	2024年10月第1版	印　　次：	2024年10月第1次印刷
书　　号：	ISBN 978-7-313-31044-6		
定　　价：	98.00元（全5册）		

版权所有　侵权必究
告读者：如发现本书有印装质量问题请与印刷厂质量科联系
联系电话：021-57480129

总序

我想告诉你，这是一本怎样的书

亲爱的家长朋友：

当您手中拿起这本《藏在生活里的品格密码》，相信您已经迈出了培养孩子美好品格的第一步。在您面前的不仅仅是一本书，更是一份家庭教育的"旅行指南"，一个亲子成长的快乐宝盒。这里不会有高深莫测的理论，也不会有冗长乏味的讲解，有的只是那些藏于日常生活之中的教育智慧和温情瞬间。

我们希望这本书能成为您的贴心伴侣，带您走进孩子的世界；同时也让您的孩子跟随书中的品格密码，慢慢理解什么是有序、坚持、合作、创新与感恩。我们鼓励您带着孩子一起阅读，让每一个真实的情境，成为你们之间亲子交流的契机。

更为特别的是，本书还邀请您和孩子一同创造一本属于你们的亲子品格成长手账。在这个过程中，你们的每一次互动、每一份评价、每一刻温馨的感受都将被记录，编织成一份份珍贵的记忆。这本手账将是你们共同努力的成果，也是孩子品格成长的见证。

请您以一种轻松愉悦的心情翻开这本书，就像和一个老朋友聊天一样，不要有压力，只需享受与孩子互动的乐趣。我们相信，通过这一次次的亲子之"旅"，您将找到引导孩子成长为拥有有序、坚持、合作、创新、感恩等品格的关键。

愿您和孩子在这段"旅程"中，收获爱与智慧，共同成长，让品格教育成为生活中最美好的礼物。快来享受这场与孩子的心灵之旅吧！

祝您阅读愉快！

上海市班主任带头人冯志兰工作室全体成员

序言

感恩品格

陪爸爸减肥，实现亲子之间的"双向奔赴"；毕业季规划校服环游路线，完美实现校服再利用；通过减少纸张浪费，回报大自然的馈赠……生活中处处隐藏感恩。在本书中我们将开启十个日常生活中常见的场景，一起去发现生活中孩子品格培养的契机，手把手带着家长跟孩子一起奔赴感恩之旅：感恩家人、感恩集体、感恩自然，从唤起感恩意识、激发感恩情感，到优化感恩行动。拉满"感恩进度条"、装满"能量菜篮"、"为幸福来上色"……让家长和孩子共同在书中看到孩子品格养成的彩色光芒。

目录

- 一 "小鬼"当家 ………………………………………… 1
- 二 双向奔赴的亲子关系 ………………………………… 7
- 三 "小家长"养成记 …………………………………… 13
- 四 粥到,心到 …………………………………………… 19
- 五 中国那么美,我们去看看 …………………………… 26
- 六 学长速递,请查收! ………………………………… 32
- 七 从 Library Walk 到 Library Work ………………… 37
- 八 校服"环游记" ……………………………………… 42
- 九 最炫中国风 …………………………………………… 47
- 十 "纸"想遇见你 ……………………………………… 51
- 感恩品格总评 …………………………………………… 57
- 后记 ……………………………………………………… 58

人物介绍

亲子进阶营

解锁"感恩公式"

现阶段很多父母往往以孩子的学习为第一要义,在家庭生活中很少为孩子营造感恩的氛围。因此,孩子在遇到自己不熟悉的事物时总是要退缩。人的成长需要不断自我体验、自我负责,只有父母学会鼓励,给予信任,孩子才能获得真正成长。

关于这类亲子活动您的看法是?

 有创意,支持   无意义,不支持   无所谓

这里我们可以尝试体验下面的"感恩公式"解锁:

 激发情感 + 指导体验 + 赞赏行为 = 感恩行动力

 体验前:激发情感

在教育孩子的过程中,家长不妨就让孩子"当家做主"一回。通过体验感受,体会到平日里父母的辛苦。不过体验前通过沟通,要让孩子相信他可以胜任这个工作。

如果您遇到这样的情景,您会如何回复孩子?

一、"小鬼"当家

学校劳动月有个"小鬼"当家活动,让我们替妈妈买一次菜。本来我想试一试,不过一想到我也没做过,也不知道自己行不行。算了,我还是放弃吧!

孩子更喜欢听到哪种回复呢?(请家长选择一个答案,并涂上你喜欢的颜色)

妈妈平时也是这样做的,这么简单的事情,你能做好!

那这次算了吧,先以学习为重,妈妈做就好!

这个活动很有创意,你也来当一次妈妈,我们一起来做,如何?

小贴士:借助学校的活动,让孩子动手亲身体会父母的辛苦,唤起感恩意识,激发感恩情感。

体验中：指导体验

当孩子意识到父母的辛苦以后，面对从未体验过的劳动任务，也许还有畏难情绪。我们可以尝试以下方法，帮助孩子分解任务，不妨试试以下几个锦囊。

锦囊一："叮咚"定制菜单

体验开始之前，小朋友们请化身"小记者"，收集家人喜欢的菜。（DIY 菜单）

锦囊二："叮咚"选购指南

爸爸妈妈还可以和孩子一起讨论"蔬菜选购指南"。

小贴士：如果按蔬菜类别查找，可能更方便。同时，要按照时令购买食物，更有益身体健康。

锦囊三："咔嚓"实战演练

用画笔或照片记录自己"当家"的风采吧！

一、"小鬼"当家

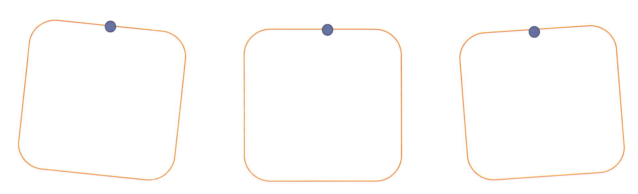

小贴士：通过调查和定制菜单了解家人的实际需求，用劳动来守护家人的健康。

 体验后：赞赏行为

爸爸妈妈发自内心的赞赏能够有效激发孩子持续性的感恩行动。

给孩子一个大大的拥抱

全家人光盘行动

能量菜篮

亲爱的家长和小朋友，请将你们收获的能量装进篮子里吧！看看谁获得的能量最多。

（按照评价标准将自己所获得的能量装进篮子里吧！文末有蔬菜贴纸。）

能量蔬菜	自我评价
🥕🥕🥕	知日常，品辛苦 （1）熟知买菜日常。（3棵能量蔬菜） （2）了解买菜日常。（2棵能量蔬菜） （3）不了解买菜日常。（1棵能量蔬菜）
🥬🥬🥬	定菜单，问喜好 （1）详细询问。（3棵能量蔬菜） （2）大概询问。（2棵能量蔬菜） （3）自己猜测。（1棵能量蔬菜）
🍅🍅🍅	表感恩，乐行动 （1）每月"当家"一次。（3棵能量蔬菜） （2）每周"当家"一次。（2棵能量蔬菜） （3）有要求时才"当家"。（1棵能量蔬菜）

自己评

家长评

亲子进阶营

打响"脂肪攻坚战"

五年级的孩子对父母的付出已经有足够的认知,但是将这种认知化作感恩行动很难落实。孩子们不妨从实际情况出发,从家长需要出发,做一次爸爸的私人教练,定制老爸的"瘦身"计划。作为家长,我们给予孩子感恩的机会,鼓励尝试,积极培养孩子的劳动品格。让我们亲子合作,打响一场"脂肪攻坚战"!

1 健康检查放大镜

父爱如山,小时候我们眼中的父亲是无所不能的"超人",不过外面的风风雨雨却在他们身上留下了岁月的痕迹。用心了解父亲,用行动感恩父亲,为他的健康"把关"!

 "实话实说":根据日常你对爸爸的了解情况,完成小调查。

爸爸身上的健康隐患,你了解多少?(　　)
A. 平时不问,一点儿不了解。
B. 偶尔问问,有一定的了解。
C. 爸爸工作忙,比较少关心。
D. 非常了解,关注每年爸爸体检情况。

 "安全检查":请认真了解爸爸的身体情况,排查出健康隐患。

二、双向奔赴的亲子关系

┌─────────────────────────────────┐
│   老爸的健康隐患   │
│ ┌───────────────────────────┐ │
│ │ 1. 运动量减少，饭后经常"葛优躺"。│ │
│ └───────────────────────────┘ │
│ ┌───────────────────────────┐ │
│ │ 2. 不健康饮食，喜欢吃烧烤、喝啤酒…… │ │
│ └───────────────────────────┘ │
│   ……   │
└─────────────────────────────────┘

2 健康减肥指南针

孩子面对新的任务，家长需要适时提供一些解决问题的方法，让孩子在不断摸索中完成任务，从而感受到实践所带来的成就感，更能增强自己的行动力，最终锤炼劳动品格。了解了爸爸身体情况后，我们来为爸爸定制专属健身方案吧！

一次私教定制方案

第一步：设定运动目标，没有计划的目标只是一个愿望而已。因此，我们可以借助"SMART"原则，亲子共同设定瘦身目标。

第二步：制订减肥内容，根据实际情况行动起来吧！别忘记要健康饮食哦！

| 身体基数 | 健康饮食 | 运动项目 |

一次亲子沟通会晤

制订好减肥方案后，有力执行更为重要。作为一名合格的"私教"，你是如何与爸爸沟通的呢？又是如何监督爸爸的呢？也许制订一些小奖励是一个不错的想法哦！燃烧卡路里，兑换运动币。

3 瘦身展示哈哈镜

行动上有了方向，经过努力爸爸有什么变化呢？可以用照片或绘画的形式记录变化。

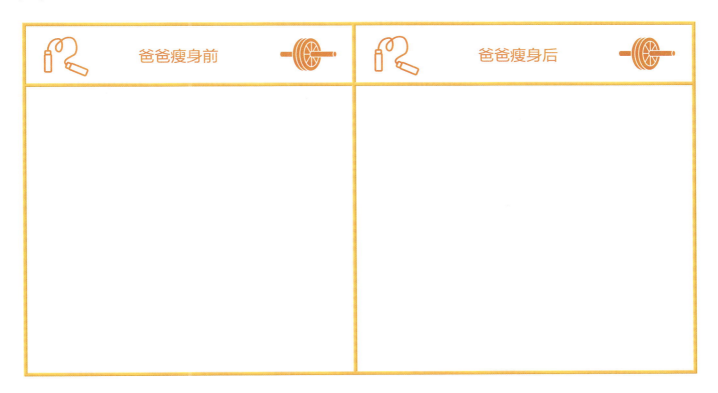

小贴士：孩子从调查中了解爸爸的身体情况，感受到爸爸日常的劳累。再基于实际情况制订健身计划，在与爸爸的沟通中融入理解，将感恩行动落实在每天的锻炼陪伴中，无形中增加了亲子互动。

藏在生活里的品格密码：感恩品格

燃烧卡路里

小贴士：根据评价指南和爸爸一起燃烧卡路里。

卡路里涂色卡（孩子篇）

多了解，知情况

1. 详细询问

| 100 千卡 | 100 千卡 | 100 千卡 |

2. 大致询问

| 100 千卡 | 100 千卡 |

3. 自行猜测

| 100 千卡 |

善沟通，定计划

1. 主动沟通，计划周全

| 100 千卡 | 100 千卡 | 100 千卡 |

2. 主动沟通，计划较全

| 100 千卡 | 100 千卡 |

3. 主动沟通，计划不周

| 100 千卡 |

乐行动，表感恩

1. 能坚持每天和爸爸一起完成任务

| 100 千卡 | 100 千卡 | 100 千卡 |

2. 能坚持周末和爸爸一起完成任务

| 100 千卡 | 100 千卡 |

3. 想起来时和爸爸一起完成任务

| 100 千卡 |

卡路里涂色卡（家长篇）

多了解，知情况

1. 详细询问

| 100 千卡 | 100 千卡 | 100 千卡 |

2. 大致询问

| 100 千卡 | 100 千卡 |

3. 自行猜测

| 100 千卡 |

善沟通，定计划

1. 主动沟通，计划周全

| 100 千卡 | 100 千卡 | 100 千卡 |

2. 主动沟通，计划较全

| 100 千卡 | 100 千卡 |

3. 主动沟通，计划不周

| 100 千卡 |

乐行动，表感恩

1. 能坚持每天和爸爸一起完成任务

| 100 千卡 | 100 千卡 | 100 千卡 |

2. 能坚持周末和爸爸一起完成任务

| 100 千卡 | 100 千卡 |

3. 想起来时和爸爸一起完成任务

| 100 千卡 |

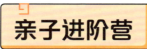

"小家长"成长四步走

五年级的孩子,已经具备一定能力去处理家庭日常出现的问题,但需要家长的引导,助力孩子成为一名合格的"小家长"。在培养孩子的过程中,由扶到放,由被动到主动的家庭教育探索模式,让孩子在实践中感受父母的不易,从而培养他们的感恩品格。

❤ **幸福第一步:"小宝"档案袋**

哥哥姐姐,快来完成"小宝"档案袋吧!贴上"小宝"最可爱的相片!

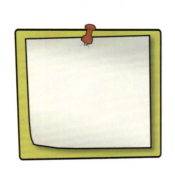

填一填你对小宝的了解吧!

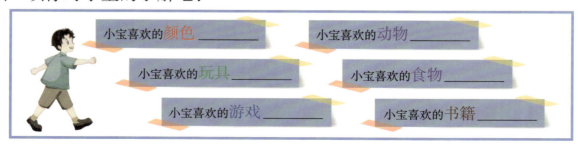

● **幸福第二步："表现"探探秘**

爸爸妈妈，第二阶段让我们一起找找大宝在哪些方面表现出较强的责任心，填入下面的探秘表吧！

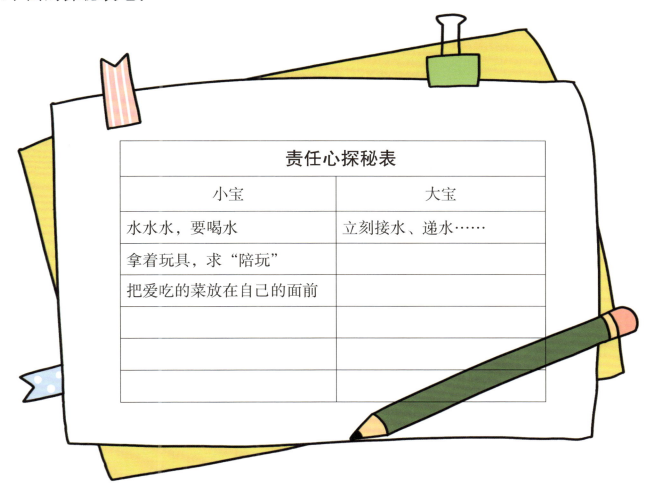

责任心探秘表	
小宝	大宝
水水水，要喝水	立刻接水、递水……
拿着玩具，求"陪玩"	
把爱吃的菜放在自己的面前	

❤ 幸福第三步："四心"分分类

大宝成长为合格的"小家长",需要"四心"助力他(她)前行,爱心、细心、耐心和恒心。为"四心"分分类,大宝都做了什么?记录一下大宝令人感动的小事例吧!

- ❤ (　　):当小宝需要帮助时,有大宝!

  ①_____
  ②_____

- ❤ (　　):大宝发现了父母容易忽略的地方。

  ①_____
  ②_____

- ❤ (　　):不厌其烦,不发火,不放弃!

  ①_____
  ②_____

- ❤ (　　):照顾小宝一日,一周,一月……

  ①_____
  ②_____

❤ 幸福第四步："四叶"聚感恩

恭喜你！
顺利进入第四阶段，
爸爸妈妈，
用手机记录下感人瞬间吧！

感恩幸福来上色

亲爱的"小家长",你的表现可圈可点哦!在你的努力下,把弟弟(妹妹)照顾得好好的!来,为幸运草上色吧!(友情提示:选 A 为整片叶片涂色,选 B 涂一半叶片,选 C 就不涂色哦!)

弟弟(妹妹)需要帮助时,伸出援助之手,做到有爱心♥。
A. 总能伸出援助之手。
B. 经常能伸出援助之手。
C. 偶尔能伸出援助之手。

注意到了许多生活中的小细节,更好地照顾了弟弟(妹妹),做到有细心♥。
A. 总能注意到生活中的细节。
B. 经常注意到生活中的细节。
C. 偶尔注意到生活中的细节。

照顾弟弟(妹妹)的过程中,有耐心♥。
A. 总是有耐心。
B. 基本有耐心。
C. 有些缺乏耐心。

照顾弟弟(妹妹)的过程中,某些方面能坚持一周及以上,有恒心♥。
A. 三件事能坚持一周及以上。
B. 两件事能坚持一周及以上。
C. 一件事能坚持一周及以上。

学煲爱心粥

粥是最家常的饭食，一份暖暖香香的粥，是对家人浓浓的关爱，也是对家人最好的感恩。你想为家人做一份什么粥呢？让我们先从第一步开始。

了解需求，挑选食材，确保营养均衡

粥的种类繁多。猜猜看，按照原料来分类，能分成哪几种？

米粥
食材：大米

___粥
食材：大米 + 杂粮
（如燕麦、荞麦、小米、玉米等）

___粥
食材：大米 + 各种薯类
（如红薯、紫薯、山药、芋头等）

___粥
食材：大米 + 各种豆子
（如红豆、黑豆、绿豆等）

___粥
食材：大米 + 叶菜类
（如青菜、生菜、菠菜等）
或 + 菌藻类
（如香菇、黑木耳等）

___粥
食材：大米 + 肉
（如鱼、虾、畜禽肉等）

米粥、**杂粮粥**、**薯粥**、**豆粥**、**蔬菜粥**、**肉粥**以及其他没有列举到的粥，它们的膳食纤维、维生素、蛋白质等含量都不同，各有各的营养特点。所以，我们可要根据不同人的身体健康状况来选择适合他们的粥哦。

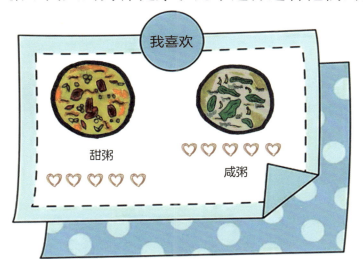

除了不加任何配料的白粥，粥的口味大致可以分成**甜**、**咸**两类。你更喜欢喝哪种呢？用彩笔涂出你喜欢的粥吧！

爸爸妈妈、爷爷奶奶的喜好，你清楚吗？不够清楚的话，可以制作一份小调查来帮助你更了解他们哟！

_____ 喜好大调查

1. 他喜欢的口味是 _____。
2. 他的健康状况：_____。
3. 他不能吃的食物有 _____
4. _____

小朋友，你知道吗？我们中国的粥在 4000 年前主要为食用，2500 年前开始制药用，不同食材搭配的粥能发挥不同的功效呢。

| 补血护肝 | 降低血压 | 补气养血 | 促进食欲 | 安神助眠 |

| 芹菜瘦肉粥 | 菠菜猪肝粥 | 红豆薏米莲子粥 | 皮蛋瘦肉粥 | 五红粥 |

制订我的煮粥公式：

_____ + _____ + _____ + _____ + …… = _____

它有 _____ 的功效。

爱为佐料，细心烹饪，注意安全第一

相信你一定已经了解最适合爸爸妈妈、爷爷奶奶的那款粥啦，接下去就需要用上你的耐心和细心来烹饪这碗爱心粥。

食材都准备好了吗？别忘了选好工具、准备调味料哦。

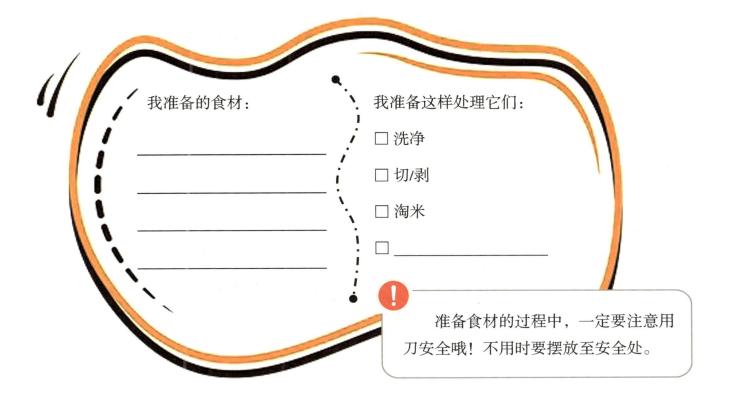

我准备的食材：

_____

_____

_____

我准备这样处理它们：

☐ 洗净

☐ 切/剥

☐ 淘米

☐ _____

❗ 准备食材的过程中，一定要注意用刀安全哦！不用时要摆放至安全处。

温暖传递,真心回应,以粥传递亲情

做碗暖心养生的粥给家人喝,并采访下家人的感受吧!可以用图片、绘画或文字的形式记录在下面的框内。

热粥驱散寒气,真情温暖人心。小朋友,你有没有想过,还可以把你的爱心粥送给谁呢?不妨组织你的小伙伴,一起给身边的老人、辛勤付出的环卫工人、保安叔叔等城市中最美的劳动者送上一碗碗热气腾腾的"暖心粥"吧!

粥到，心意到

亲爱的家长和孩子，请你们根据标准在你们的碗里添加配料吧！达成一阶可得一张配料贴纸，在你的碗里贴上相应贴纸，争取"制作"一碗满满的爱心粥。

宝贝爱心粥

家长爱心粥

（配料区贴纸见书末）

明配方，用心搭配

（1）了解家人喜好，选出合适的粥。
（2）熟悉家人忌口，避免不合胃口。
（3）配合家人健康，搭配最优粥选。

学料理，细心烹饪

（1）能选择合适的工具，调配完美的比例，煮好白粥。
（2）能选择简易的食材，煮好美味的粥。
（3）能按需学习煮粥的方法，制作出美味营养的粥。

会心意，精心准备

（1）能把煮好的粥给家人喝，分享自己的感受。
（2）能精心摆盘，给家人送上甜蜜的问候与祝福。
（3）能为身边需要关怀的人、辛勤付出的人煮粥送温暖。

亲子进阶营

"小导游"成长营

做祖辈出行的小导游，成为"夕阳红"亲子团的小团长。在出行准备、攻略设计和出行细节落实过程中，提高劳动能力，培养感恩之情，将对祖辈的爱付诸"小导游"的行动之中。

第一步：爱的问候——爱要大声说出口

召开家庭感恩会，让孩子自己制作电子相册，回忆祖辈们在自己成长过程中付出的辛苦与心血，将对祖辈的爱大声说出口。

第二步："爱"的企划——一场为您私人定制的无忧旅程

实话实说：和祖辈交流，罗列出他们最想去的中国景点。
媒体大搜索：结合祖辈的年龄特点，搜集甄选出最佳景点。

  长城　　　 布达拉宫　　　 黄山　　　 苏州博物馆

私人定制路线： 制订相应的旅行路线，筛选出适合祖辈们的路线。

第三步："爱"的呵护——家庭医生式的健康无恙计划

1. 迷你药箱随身带

出行前提醒祖辈将常用药准备好，标注好药品名称和用药量。

药物名称：_____

药品用量：_____

2. 爱心铃声巧设置

出行前，根据药品服用要求设置药物服用时间的手机铃声。

音乐名称：_____

语音内容：_____

3. 药房医院神锁定

出行前，锁定旅游景点周边最近的医院、药房。

附近医院：_____

附近药房：_____

4. 健康美食精挑选

寻找适合祖辈们食用的景点美食，学习快速搜寻美食的方法。

店面挑选：＿＿＿＿＿＿＿＿＿＿＿＿

美食锁定：＿＿＿＿＿＿＿＿＿＿＿＿

第四步："爱"的陪伴——伴您走过祖国的每一处大好河山

（1）**景点宣讲我能行**：对景点提前全面了解，现场宣讲景点文化。

（2）**网红打卡云踩点**：对景点最美景致进行筛选。

（3）**速成最美摄影师**：学习摄影小技巧，留下夕阳红最美倩影。

五、中国那么美,我们去看看

感恩评价卡

六、学长速递，请查收！

亲子进阶营

"宝典"定制

感恩，是一种积极的情感。好的学习方法的分享，有助于学生更好地理解学习的意义，进一步提升学习效率。学习和感恩是相互促进的。

第一步："资料"整理

五年级毕业了，闵小行同学在学习之路上积累了许多经验，留下了不少资料，面对眼前各学科的复习本、错题集，小行可犯了难！

妈妈来支招：
整理错题集，学科归类，散册化整，制作出一套学习经验"小宝典"，实现变废为宝的"资源再升级"！

我的资料整理记：
（1）我的三本语文错题集需要合并成一本。
（2）_____
（3）_____
（4）_____

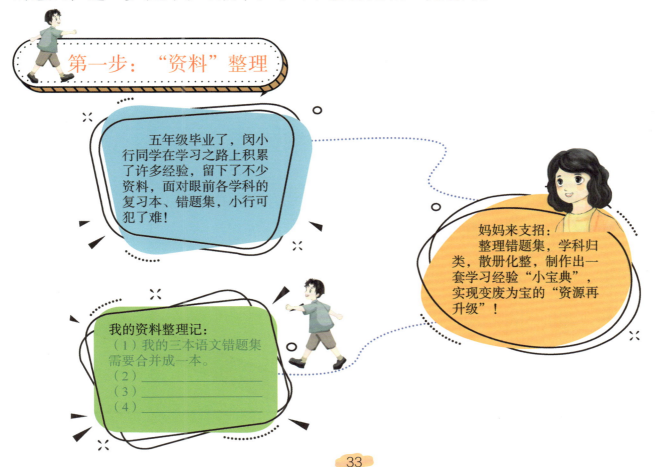

第二步:"新主"寻找记

"宝典"寻主可是很有讲究的哦!要为它寻找怎么样的小主人呢?那就先来完成下面的小问题。(友情提示:第一个括号是孩子的答案,第二个括号是家长答案哦!)

小宝典 乐选选

小 问 题	我 来 答
(1)"小宝典"有几个小主人呢? A.1个　B.几个　C.更多的人	(　　)(　　)
(2)"小宝典"未来的主人是谁? A.同校的学弟学妹 B.亲朋邻居 C.任何有需要的人	(　　)(　　)
(3)"小宝典"传承模式? A.直接送 B.短期借阅 C.长期借阅	(　　)(　　)

第三步:"宝典"诞生记

根据"小宝典"主人数、主人身份和传承模式,给"小宝典"大变装吧!(可图文结合)

我的设计:

父母的小妙招:

学长速递成功达

快来评评自己的速递进度吧！

❤ "小宝典"整理过程中要做到学科归类、散册化整；重点清晰，化繁为简。我整理的学科有（自己评）：

体育（　） 语文（　） 数学（　） 英语（　） 其他_____

❤ "小宝典"上新装啦，封面设计符合学科特点。（父母评，请给小红旗上色哦！）

新装待改进　　　　新装切主题　　　　新装有新意

❤ "小宝典"起作用啦！（伙伴评，请给小红旗上色哦！）

帮助不明显　　　　有一定帮助　　　　帮助较大

❤ "小宝典"吸粉率。（自己评，请给小红旗上色哦！）

小粉丝吸引-ing　　　收获1到2个小粉丝　　　收获3个及以上小粉丝

藏在生活里的品格密码：感恩品格

亲子进阶营

打卡"管理员"路线图

作为高年级的小学生，认识图书馆、应用图书馆，从沉浸式体验中了解图书馆的各项工作，利用知识、技能等为他人和社会提供服务，能帮助树立正确的劳动价值观和良好的劳动品质，同时增强社会责任感。

下面，就跟着"小小管理员"路线图一路打卡吧！

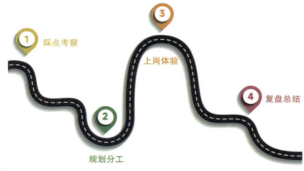

第一步：踩点考察

亲爱的家长朋友，**想一想**，以下工具能为闵小行提供哪些便利呢？动笔**圈一圈**你想选择的工具，为闵小行开启他的"**Library Walk**"。

请孩子思考：以上圈出的工具该怎么恰当地使用呢？（翻页查看它们的用途）

七、从 Library Walk 到 Library Work

咨询开放时间段、工作时间段。

调查记录图书馆各项工作的工作流程、工作方法、注意事项等。

录制工作人员较长、较复杂的工作介绍、工作提示等。

拍摄图书馆布局、工作区域及一些较复杂的图示。

查阅资料，了解社区图书馆，学习基本服务内容。

第二步：规划分工

社区图书馆的工作岗位你了解了吗？如果还有问题，可以先和同学交流，再和家长讨论，最终精选三个问题，对社区图书馆的工作人员进行采访。

问题 1：_____

问题 2：_____

问题 3：_____

现在，你明确岗位职责了吗？试着挑选适合自己的岗位来分工吧！

岗位职责	人员安排

准备就绪，Let's go work！

第三步：上岗体验

小小管理员，请在框内用照片或绘画形式为工作中最难忘的时刻打卡。

第四步：复盘总结

小朋友，在图书馆服务的过程中，你遇到了哪些困难？你是怎么解决的？你有哪些收获？请简单地回顾自己的服务工作并进行整理，和家长分享吧。

我在社区图书馆主要负责_____。在服务的过程中，我感觉有困难的是：_____，解决办法是：_____。我的收获有：_____。

七、从 Library Walk 到 Library Work

亲子 work

连连线，爬楼梯，快速送书到达书架！

活动结束后
◇ 在志愿者工作中，我感到有些劳累。
◇ 在工作体验中，我感到很快乐。
◇ 我体验到了真实的工作感受，感到很有收获。

上岗体验时
◇ 我的工作有些复杂，我可能适合别的岗位。
◇ 我应该继续努力，争取能更好地做好这份工作。
◇ 我能适应这份工作，我觉得很轻松。

规划分工时
◇ 我感受到图书馆工作的多样性和复杂性。
◇ 我想我能在自己的志愿者岗位上认真工作。
◇ 我能根据自己的优势来选择岗位，尝试做志愿者。

开展活动前
◇ 我大概了解图书馆。
◇ 我会打电话询问图书馆的情况。
◇ 我会走进图书馆，充分调查了解情况。

八、校服"环游记"

> **亲子进阶营**

感恩宅急送

五年级的孩子即将从学校毕业，相信孩子对于学校一定有一份感恩之情。毕业之际，巧妙处理旧校服，可以激发孩子的感恩意识，将感恩之情转化为帮助他人、回报学校实际的行动哟。

● **感恩订单下单中——唤醒感恩意识**

亲子整理校服

校服是一个学校的象征，更承载着小学生活的回忆。借助校服整理，可以让孩子回忆起小学美好的瞬间。

小贴士：在回忆的过程中，问题越具体越细小，越能够帮助孩子唤起美好回忆中的感恩意识哟。

我们可以这样问：

这件校服上次是什么活动穿过的呀？（提示时间）

我记得你准备那次发言稿准备了好几稿吧？（引入事件）

上台前你一定很紧张吧，谁站在你旁边呢？（关注细节）

发言结束同学们为你鼓掌的时候你有什么感受？（唤起情感）

……

●感恩订单备货中——激发感恩情感

亲手清洗打包校服

整理出来的校服可以鼓励孩子亲手清洗并打包，让孩子在劳动中获得情感的满足。过程中，爸爸妈妈可以为孩子的善举点一个大大的赞，还可以将孩子和校服的最美瞬间记录下来。

小贴士：这一阶段的劳动能够将孩子对于学校和老师、同学的感恩之情链接到最终的感恩行动中，切忌用物质奖励抵消孩子在劳动中的情感体验。

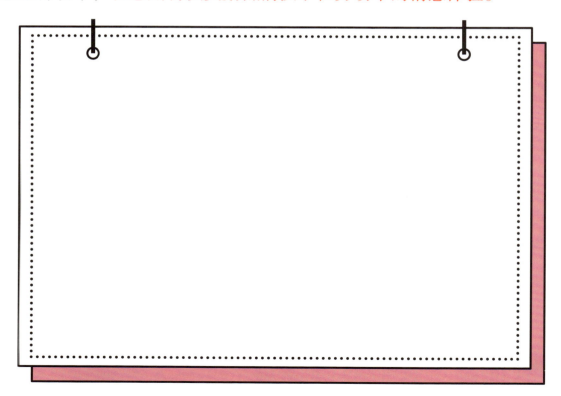

● 感恩订单配送中——引导感恩行动

亲子策划赠予活动

如何将美好的感恩之情转化为实际的行动呢？孩子们常常有感恩的心，但是找不到合适的方式去帮助别人，回报社会。我们可以给孩子提供行动清单，为孩子的感恩行动提供指向标的作用。

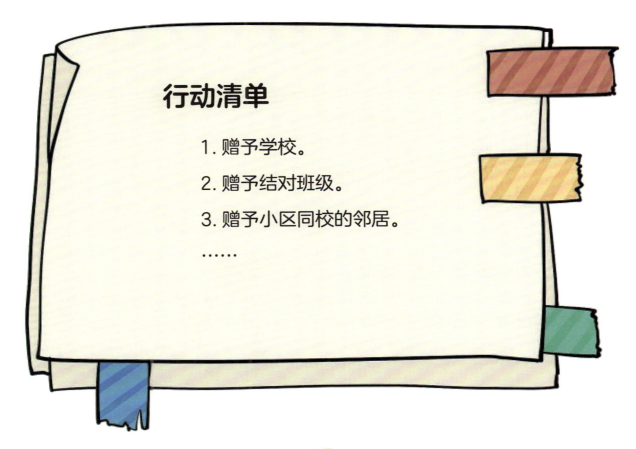

行动清单

1. 赠予学校。
2. 赠予结对班级。
3. 赠予小区同校的邻居。
……

感恩彩虹路

请孩子和家长根据孩子任务完成情况以及评价条目，在相应的路段上涂上相应的颜色，共同完成感恩彩虹路线图。

愿意通过旧物传递等方式帮助老师、同学、邻居。

（1）经常进行旧物传递。
（2）偶尔进行旧物传递。
（3）几乎没有进行过旧物传递。

愿意用清洗、打包校服等方式回报老师、同学、邻居。

（1）随时准备回报老师、同学、邻居。
（2）经常想回报老师、同学、邻居。
（3）有空的时候再回报老师、同学、邻居。

能通过校服等物品经常发现老师、同学帮助过自己的点滴。

（1）经常能发现有老师、同学给自己的帮助。
（2）偶尔能发现有老师、同学给自己的帮助。
（3）几乎没有发现过老师、同学给自己的帮助。

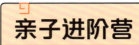

拉满感恩进度条

五年级的孩子普遍对父母、对老师、对同伴有一颗感恩的心,也愿意用送礼物等方式向对方表示感谢。如果我们跟孩子一起,对感恩的行动进行优化,说不定能够让孩子用自己的行动帮助更多的人哟。让我们一起来拉满感恩进度条!

自制礼物传心意(感恩进度 30% ❤)

自制礼物有新意,更有心意,这样的礼物比买的礼物更能让老师感受到孩子对老师的爱。

礼物清单

❤ 为老师画一幅画。

❤ 为老师唱一首歌。

❤ 为老师绘制一套书签。

❤ ……

书签中的感恩情（感恩进度 ）

礼物表达了对老师个人的心意，其实动动小巧手，还可以帮助更多的人哟。

美丽的中国风书签谁不爱，号召同学一起制作中国风书签，来一场毕业义卖，所得善款可以捐赠给学校或社会上有需要的人，用小小的书签汇聚浓浓的感恩情。

"心愿墙"上说奉献（感恩进度 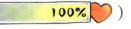）

有没有办法让更多的人感受到我们的感恩之心呢？"心愿墙"是个不错的方法哟。提出提案，努力在校园里或者小区里设置一块"心愿墙"，让有需要的人随时可以通过心愿墙得到帮助，从毕业感谢师恩到长期的奉献，拉满感恩进度条。

感恩进度条

请孩子和家长根据孩子任务完成情况，结合下面的评价标准，在进度条上涂上相应颜色和数量的爱心，完成加载度拉满感恩进度条。

能找到合适的礼物表达感谢之情。
能送出让对方惊喜的礼物。（加载度 ♥ ♥ ♥）
能找到表达自己心意的礼物。（加载度 ♥ ♥）
用购买的方式选礼物。（加载度 ♥）
乐意参加各类公益活动。
总是参加各类公益活动。（加载度 ♥ ♥ ♥）
偶尔参加各类公益活动。（加载度 ♥ ♥）
几乎没有参加过公益活动。（加载度 ♥）
能找到合理的方案持续帮助他人。
所提方案能长期帮助他人。（加载度 ♥ ♥ ♥）
所提方案能在一段时间内帮助他人。（加载度 ♥ ♥）
所提方案能偶尔帮助他人。（加载度 ♥）

"环保碎片"收集中

纸,与我们的生活息息相关,仔细看看周围,都不难发现纸的踪迹。那么,纸到底是怎么来的呢?不如激发孩子们的探究欲望,一起开启"纸"想遇见你的探秘之旅。

碎片一: 找一找家中浪费的纸,把它们写在小房子里。

1. 没有用完就扔掉的本子
2. 每次洗手就要用五六张餐巾纸
3. 每次上厕所都要用很多纸巾
……

我还发现:
1. _____
2. _____
3. _____
4. ……

十、"纸"想遇见你

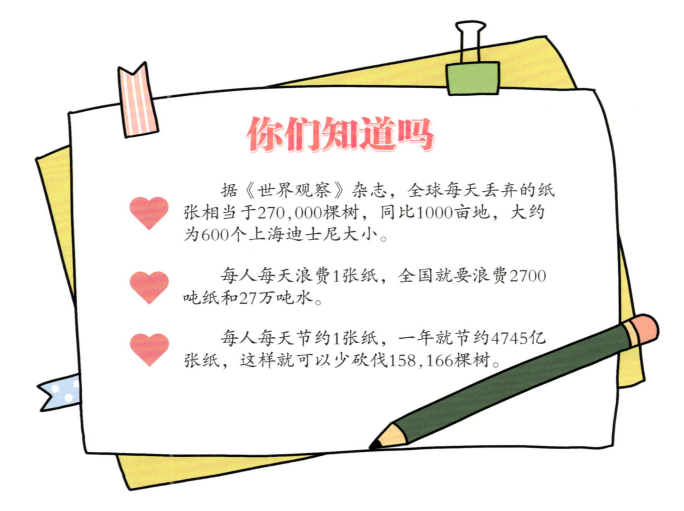

你们知道吗

- 据《世界观察》杂志，全球每天丢弃的纸张相当于270,000棵树，同比1000亩地，大约为600个上海迪士尼大小。

- 每人每天浪费1张纸，全国就要浪费2700吨纸和27万吨水。

- 每人每天节约1张纸，一年就节约4745亿张纸，这样就可以少砍伐158,166棵树。

碎片二：1张"废纸"如何变成礼物

被浪费的纸就直接扔掉吗？NO，我们可以将这些废纸再次利用，让它们焕发二次生命。一起来试试制作种子纸吧。

第一步：将使用过的纸张收集起来，用打磨机加水打成纸浆。加入喜欢的植物种子，充分均匀搅拌。

第二步：放到模具中，晾干后就得到了一张种子纸。废纸重生就是这么简单。

第三步：将种子纸放入土壤中并且定期浇灌晒太阳，不出几天小苗就会长出来啦，静静等待开花吧。

除了这个玩法，你还有其他变废为宝的妙招吗？

碎片三：制订家庭用纸公约

节约，是一种美德，我们所用的每一张纸，都印记着树木成长的年轮。让我们开动智慧，一起制订家庭用纸公约吧，将节约用纸变成一种常态。

我们可以：
1. 在家中擦手可用毛巾，少用餐巾纸。
2. 喝水用茶杯，不用一次性纸杯。
3. 废报纸、废书可以回收，不要随便扔掉。
……

我们还可以：
1. _____
2. _____
3. _____
……

大树贴贴乐

能变废为宝反哺大自然：
☐ 能想到3种以上妙招（贴3片树叶）
☐ 能想到1-2种妙招（贴2片树叶）
☐ 能完成"种子纸"制作（贴1片树叶）

能仔细观察身边被浪费的纸：
☐ 能找到7处以上（贴3片树叶）
☐ 能找到3-6处（贴2片树叶）
☐ 能找到1-2处（贴1片树叶）

能制订家庭公约持续节约用纸：
☐ 一直能够节约用纸（贴3片树叶）
☐ 经常能够节约用纸（贴2片树叶）
☐ 偶尔能够节约用纸（贴1片树叶）

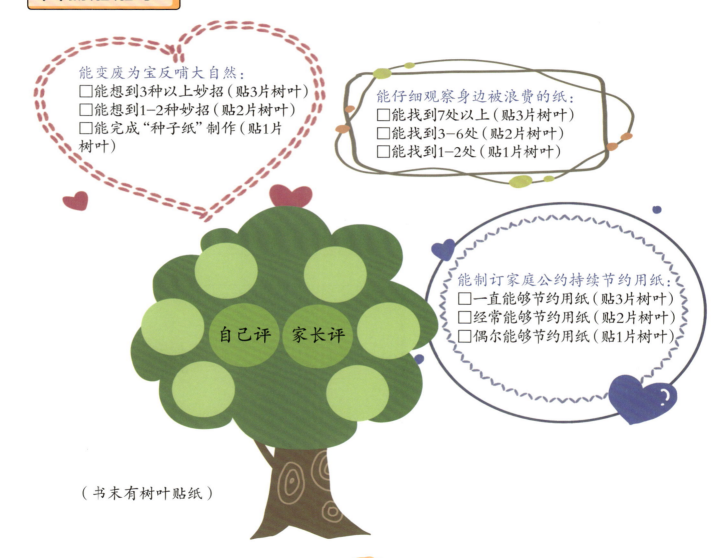

自己评　家长评

（书末有树叶贴纸）

感恩品格总评

感恩之路，一路走来，相信大家一定收获满满！晒一晒你的收获，根据以下标准，给闵小行手上的气球涂色，看看你共得到几个彩色气球。

"小鬼"当家	收获6棵能量蔬菜，获得一个彩色气球。
双向奔赴的亲子关系	收获900千卡热量，获得一个彩色气球。
"小家长"养成记	涂满8片树叶，获得一个彩色气球。
粥到，心到	积攒6种配料，获得一个彩色气球。
中国那么美，我们去看看	收获5个"好评"，获得一个彩色气球。
学长速递，请查收！	涂满5面红旗，获得一个彩色气球。
从Library Walk到Library Work	攀上6级台阶，获得一个彩色气球。
校服"环游记"	涂满4段彩虹路，获得一个彩色气球。
最炫中国风	收获9颗爱心，获得一个彩色气球。
"纸"想遇见你	贴满5片绿叶，获得一个彩色气球。

后记

心田里的春雨——品格教育的生命力量

在这本书的最后,我们想用一颗感恩的心,为这段旅程画上句号。这不仅是一本书的完成,更是一段心灵的旅行,背后承载着无数人的智慧与心血。

这本《藏在生活里的品格密码》的诞生,离不开上海市班主任带头人冯志兰工作室、闵行区冯志兰名师基地以及莘庄镇冯志兰名师工作室所有老师的共同努力。同时也特别鸣谢上海市班主任带头人冯志兰工作室所在学校——闵行区莘庄镇小学给予的支持。它们是思想的火花碰撞的场所,是教育理念与时俱进的见证,更是品格教育实践研究的前沿阵地。

此外,我们要向所有为本书倾注心血的团队成员致以最深切的敬意。编写团队冯宇静、刘萍、范君、彭澜、鲍雅洁、朱凡以及绘图团队王佳洁、苏超明、王欣、方园、吴政彤、刘乐语、徐茵洁,你们的才华与努力,跃然纸上,充满生命力。你们不仅是知识的传递者,更是美好品格的播种者,你们用爱与智慧引领孩子们的成长之路。

我们携手并肩,面对挑战,共享喜悦。每一次思想的碰撞,都如同星辰汇聚,点亮了品格教育的星空。本书是我们共同智慧的结晶,见证了品格教育如何如细雨般滋养心灵,于无声处塑造灵魂。

我们期望,通过这本书,家长与孩子能够携手漫步于品格的花园,让优秀品格成为生活的基石,让爱与智慧在家庭中生根发芽,绽放出最灿烂的花朵。

1. "小鬼"当家

2. 粥到，心到

3. "纸"想遇见你